社会主义核心价值观主题经典阅读

青春的底色 系列丛书

敬业篇

学术指导/ 石中英

主编/ 叶传平 刘劲凤

分册主编/ 盛开颜

编著/ 盛开颜 毛菲菲 胡静

眼中最美的身影

时代出版传媒股份有限公司
安徽教育出版社

本书部分文字作品稿酬已向中国文字著作权协会提存,敬请相关著作权人联系领取。电话:010-65978917,传真:010-65978926,E-mail:wenzhuxie@126.com。

图书在版编目(CIP)数据

眼中最美的身影 / 叶传平,刘劲风主编;盛开颜分册主编;盛开颜,毛菲菲,胡静编著. -- 合肥:安徽教育出版社,2025.6

("青春的底色"系列丛书)

ISBN 978-7-5748-0172-1

Ⅰ.①眼… Ⅱ.①叶… ②刘… ③盛… ④毛… ⑤胡… Ⅲ.①社会主义核心价值观—中国—初中—教学参考资料 Ⅳ.①G631.2

中国国家版本馆 CIP 数据核字(2024)第 105630 号

眼中最美的身影

YANZHONG ZUIMEI DE SHENYING

出 版 人:王能玉
策划编辑:李冰冰　汪　琳
责任编辑:于　芳　李勇军　胡美娇
装帧设计:唐　敏　华　伟
责任印制:陈善军

出版发行:安徽教育出版社
地　　址:合肥市经开区繁华大道西路 398 号　邮编:230601
网　　址:http://www.ahep.com.cn
营销电话:(0551)63683012,63683013
排　　版:安徽时代华印出版服务有限责任公司
印　　刷:安徽联众印刷有限公司

开　　本:710 mm×1010 mm　1/16
印　　张:12
字　　数:149 千字
版　　次:2025 年 6 月第 1 版
印　　次:2025 年 6 月第 1 次印刷
定　　价:32.00 元

(如发现印装质量问题,影响阅读,请与本社营销部联系调换)

编委会名单

主　　编　叶传平　刘劲凤
分册主编　盛开颜
编　　著　盛开颜　毛菲菲　胡　静
其他编委　葛守松　侯新旺　李　妮

序

最是经典润人心

党的十八大以来,围绕着"内化于心、外化于行"的总目标与"落细、落小、落实"的任务要求,大中小学的社会主义核心价值观教育不断深入,守正创新,多措并举,取得了显著的成就,积累了很多典型的经验,极大增强了青少年一代的社会主义核心价值观认同与文化自信。同时,推动社会主义核心价值观融进中小学课堂教学,为青少年个人的健康成长以及培育德智体美劳全面发展的社会主义建设者和接班人奠定了坚实的基础。

在培育和践行社会主义核心价值观教育的学校教育实践中,教育工作者们始终秉持"为党育人、为国育才"的初心使命,贯彻落实立德树人的根本任务,基于青少年身心发展规律和社会主义核心价值观的形成规律,结合校情学情,深入挖掘传统德育,探索社会主义核心价值观教育的新路径,形成了社会主义核心价值观教育的良好氛围和校园文化。在培育社会主义核心价值观教育途径中,经典阅读得到广泛的应用并受到越来越多学校和教师的青睐。经典阅读作为社会主义核心价值观教育的重要路径，其根本原理在于社会主义核心价值观总是通过各种事件中人们的行为得以显现。价值观作为指引人们行为的正当性观念，它们不能脱离人们的行为而孤立存在，总是渗透、体现在人们的行为之中。我们要了解一个人或一个时代起支配作用的核心价值观，就必须考察那个人、那个时代人们的行为，特别是那些重大事件中人们的行为，从中理解他们或某个时代人们所面临的价值困惑、价值冲突以及所作出的价值抉择。

世界各国的教育体系都很重视经典教育，将经典作品作为博雅教育或通识教育的基本内容。之所以经典教育在教育史上有如此长盛不衰的魅力，是因为经典作品是时代的产物，一个时代的价值共识往往沉淀在经典文本中。学生们在经典文本的阅读中，可以通过一些具体的人和事与伟大的精神相遇，感悟兼济天下的情怀、超然物外的自由、卓然独立的人格魅力、慷慨激昂的豪迈品质，以及孤独执着的坚守、感同身受的同情、奔放洒脱的浪漫、大义凛然的不屈等精神的力量，在超越时空的灵魂对话与情感共鸣中，传承一个民族得以生生不息的核心价值观，不断强化自己的民族认同，同时使得个体的价值生命得到丰盈、扩展和持续成长。

如何运用好经典阅读这个途径开展价值观教育特别是社会主义核心价值观教育，是一个新课题。指向价值观教育的经典阅读绝不仅仅是以娱乐为主、消遣为要的浅阅读，而是有难度和深度的阅读。在倡导全民阅读的大背景下，很多孩子虽然有海量阅读，但在对作品的深度理解、价值判断以及与作品的情感共鸣等方面的表现并不突出，需要有效的阅读引导。有效的阅读引导并不只是停留在剖析文本基础上的知识传递，而是在问题探究、情感共鸣、思维共振基础上的对话。正是基于这样的实践认识，安徽省合肥市教育科学研究院组织一批来自一线的教师精心编撰了《"青春的底色"系列丛书》，以社会主义核心价值观为引领，以经典阅读为载体，以优化阅读方式为突破口，努力让学生在阅读经典之中享受阅读，在细读经典之中深化阅读，尝试走出一条经典阅读与社会主义核心价值观教育相融合的新路子。

我深信，该丛书的出版将有助于广大教师和家长们更有效地通过经典阅读开展青少年价值观教育特别是社会主义核心价值观教育，为孩子一生的成长及正确价值观的形成奠定基础。

石中英

清华大学教育学院院长

前言

阅读之花自主开放

阅读是对精神的滋养，经典是阅读的脊梁。要让青少年学生在人生成长的关键时期得到更多更好的滋养，为未来的发展奠基，就应该引导他们养成良好的阅读习惯，使他们在坚持阅读中受益终身。我们组织优秀教师团队历时近三年，以社会主义核心价值观教育为主旨，以经典阅读为载体，以中学生为主要对象，编撰出版《"青春的底色"系列丛书》。该丛书共12册，围绕社会主义核心价值观的12个主题词遴选经典文本，旨在传递价值共识，关照价值理性，在青少年中厚植社会主义核心价值观。该丛书得到清华大学教育研究院石中英教授的高度评价，我们将继续优化阅读指导，推动阅读分享，使之成为青少年精神成长的重要帮手。

以生为本，与学生对话

以生为本，是我们自始至终贯彻的原则。在单册书名、模块标题、板块设计等方面，我们充分征求、听取学生意见。例如，和谐篇《奏响和谐的旋律》、自由篇《扶摇而上九万里》等分册书名,以及"大河论坛""能量站""留言区"等板块都是学生智慧的集中体现。在呈现经典文本的同时,我们根据初中生的认知与情感发展实际情况,精准引导学生阅读,启迪求异思维,强化自主阅读。丛书注重阅读引导,将阅读引导分为读前、读中和读后三个部分:读前"叩门引路",以初中生感兴趣的话题或背景故事激发阅读期待;读中注重文本细读,以对话的方式启发学生思考,提升学生阅读能力;读后"见微知著",突出文本的价值亮点,注重价值观的提炼和升华。

精选篇目,与经典对话

内容选择上,我们以中华优秀传统文化、革命文化、社会主义先进文化为主,遴选优秀作家作品;体例设计上,以阅读任务群的模块化形式呈现,突出学生认知、阅读实际。以友善篇《生命中的那些暖》为例,该书围绕"友善"主题分为"与人为善""与物为春""以善汇友"三个模块,选取《道德经》中的《上善若水》、《论语》中的《温良恭俭让》、《诗经》中的《木瓜》、《国语》中的《里革断罟匡君》、陶渊明的《移居二首》等国学经典,还选取了老舍的《小麻雀》、巴金的《朋友》、路翎的《初雪》、王蒙的《善良》等现当代经典文本。

选编时,我们尽量保留经典文本的原汁原味。但为了给学生提供更加标准、纯净的文字,对于现当代文本或白话小说中个别不符合现代汉语语言规范的地方,编者或做了修改,或随文在括号内予以注解;对于国学经典,我们通过多版本比对,力求为学生提供最好的选择。在阅读中，我们通常以师生对话的形式，激发、提升学生的阅读思辨能力。

注重思辨，与灵魂对话

我们鼓励学生追求深度阅读，尝试引导学生读后说、做中学、思后写，提倡学生将阅读中的思考说出来，将说出来的感受写出来，将写出来的感悟进行交流，促使学生之间能形成彼此交流、相互启迪的学习氛围，希望学生在交流分享中成长。文本总是以静态的方式呈现，怎样变静态为动态，使学生由被动转化为主动？在版式设计中，我们为学生留下发挥的空间，希望学生将自己的所思、所悟、所感及时用圈画或批注的方式记录下来，真实地与心灵交流，与灵魂对话。

在编撰过程中，我们集思广益、博采众长，将坚守学科本位与打破学科壁垒相结合，将社会主义核心价值观教育与落实学科核心素养培育相结合，将提升阅读素养与促进学科教学相结合，将活跃阅读课与丰富常态课相结合，充分调动教师和学生的积极性、主动性、创造性，期待呈现出集腋成裘、厚积薄发的阅读效应。

该丛书也一定存在一些值得商榷的地方，敬请各位老师、同学提出意见与建议，我们一定积极改进、全力完善，为学生爱上阅读、爱好阅读，作出教育人应有的贡献。

合肥市教育科学研究院院长

目录

导言 1

乐 业 3

《论语》四则 6
    不改其乐 6
    不如乐之 7
    不知肉味 7
    乐以忘忧 7
古诗四首 9
    秋浦歌·其十四 9
    商人 10
    礼部贡院阅进士试 11
    夏日田园杂兴·其三十一 12
鼓书艺人（节选） 14
我本痴人（节选） 20
"探界者"钟扬（节选） 27
公共汽车 36
大河论坛 42
一叶知春 43

勤 业 [45]

古诗三首 [48]
    劝学 [48]
    题弟侄书堂 [49]
    书院 [49]
勤学 [51]
不能忘记的一面之识（节选）[53]
端详 [58]
焦裕禄（节选）[62]
长出一地的好荞麦 [69]
大河论坛 [75]
一叶知春 [77]

精 业

景泰蓝的制作 82
哥德巴赫猜想（节选）88
所有的幸福 都靠奋斗得来 99
静静的产院（节选）104
葛师傅（节选）112
"一团火"精神 119
醒头草 127
大河论坛 132
一叶知春 134

兴　业 [135]

划呀，划呀，父亲们！——献给新时期的船夫 [137]

我的两个梦 [144]

塞罕长歌（节选）[151]

一张铁画 [159]

从"第一"到"第一"：7本火车驾驶证见证"中国速度" [164]

大河论坛 [171]

一叶知春 [173]

导言

眼中最美的身影

在西周青铜器师酉簋（guǐ，盛物的器具）上，"敬"的金文字形为 ![]。它的左边是"口"，中间是牧羊人，右边是手执鞭。看管好一大群羊可不容易，这个"牧羊人"需要很敬业才行，所以他手里拿着鞭子，口中还要吆喝。后来，左边的"口"和中间的"![]"慢慢演变为"茍（jì）"，意思是谨慎、警惕。为书写方便，"茍"又简化成现在的"苟"。"业"的金文字形为 ![]，是个象形字，像两个人分别托举着两块带有装饰物的大木板，本义指古代乐器架子横木上的大板。这两块大木板是干什么用的呢？它们是古代乐器架子上用来悬挂钟磬的。后来，两块木板被简化为一块木板，即变为 ![]。古代书册一般由竹子、木头制作而成，用韦（皮条）捆缚，所以"业"也指古代的书册之板，被引申为读书、学业，后又被引申为事业。

"鞠躬尽瘁，死而后已""雨足高田白，披蓑半夜耕""学向勤中得，萤窗万卷书"……自古以来，中华民族就是一个勤劳的民族，敬业是中国人的制胜法宝和人生态度。喜欢就会投入，乐业才是起点。我们要找准自身兴趣，干一行爱一行，在职业发展中获得成就感。勤业是操守，也是责任担当。无论是对学习，还是对工作，我们都应勤奋努力，行而不辍。精业是态度。我们要有工匠精神，精益求精，做到专业和卓越。兴业是追求。我们要将个人发展与国家需要结合起来，不断创新，无私奉献，将优秀技能和职业精神发扬光大。劳动最光荣，中华民族伟大复兴要靠每个中国人脚踏实地的工作、兢兢业业的奉献、持续不断的创造。

乐　业

> 丰年人乐业,陇上踏歌声。
> ——北宋·王安石

小业：不论是学习上还是工作上，快乐都能让我们带着愉悦的心情，耕耘一方属于自己的天地。

以恒：是的，孔子曾说"知之者不如好之者，好之者不如乐之者"。可见，快乐真的是做好一件事情的秘籍。

以重：这让我想起了"人民教育家"于漪老师。她正是受到自己国文老师的影响，对语言文字产生了兴趣，从而坚定了成为一名语文教师的理想。只有兴趣引路才能让我们带着愉悦的心情全身心投入其中。

敬敬老师：在漫长的执教生涯中，于漪老师始终怀着满腔热情，在教育教学上推陈出新。乐业不仅是要找到兴趣所在，还要做一行爱一行。我们要在自我价值的实现中，获得成就感和幸福感。

小业：乐业还需要执着于自己的热爱，坚定自己的选择，像留守少女钟芳蓉在质疑声中报考考古专业，喜欢就是最充分的理由！

> 孔子还说,"发愤忘食,乐以忘忧"。史铁生在双腿残疾后,依然能够重拾纸笔歌颂生命。乐业还需要直面困难,乐观应对。

以恒

> 如果我们在快乐中开始一天的学习和工作,那么在每个平凡的日子里,我们就不会虚度年华,就会拥有乐在其中的一生。

敬敬老师

乐业

【叩门引路】 梁漱溟先生曾说，《论语》这本书多"乐"字，却没有一个"苦"字。《论语》中的快乐是君子之乐，是一种内在的心灵愉悦和满足，是通过"乐学""弘道"来坚定内心，不为艰苦而栖栖遑遑，不为世俗而随波逐流，不为物欲而蝇营狗苟。君子对真理的追求始终抱有好学乐业的态度，坚守求道、弘道的目标，最终达到知行合一、成人成己的理想境界。

《论语》四则

不改其乐

子曰："贤哉，回也！一箪食①，一瓢饮②，在陋巷，人不堪其忧，回也不改其乐。贤哉，回也！"

（选自《论语·雍也》）

小业： 孔子弟子三千，为何独赞颜回？

以恒：
颜回专注于学问，对物质生活的需求极低，达到了一种超脱世俗的精神境界。

敬敬老师：

颜回是一位未曾涉足仕途的学者，当孔子问及他为何不选择从政时，他回答道："我拥有足够的田产以维持生计，而学习则是我真正的乐趣所在。"

不如乐之

子曰："知之者③不如好之者④，好之者不如乐之者⑤。"

（选自《论语·雍也》）

不知肉味

子在齐闻《韶》，三月不知肉味，曰："不图为乐之至于斯也。"

（选自《论语·述而》）

乐以忘忧

叶公⑥问孔子于子路，子路不对。

子曰："女⑦奚⑧不曰：'其为人也，发愤忘食，乐以忘忧，不知老之将至云尔⑨。'"

（选自《论语·述而》）

【注释】

①一箪食：吃一碗粗粝的饭。

②一瓢饮：喝一瓢清水。

③知之者：指懂得做某件事的人，可以指学业、事业等。

④好之者：指擅长做某件事的人。

⑤乐之者：以做某件事为乐趣的人。

⑥叶（shè）公：芈姓，沈氏，名诸梁，字子高，楚国的大夫，曾祖父是春秋五霸之一的楚庄王。因其封地在叶（shè）城（今河南省叶县南），所以被称为叶公。

⑦女：通"汝"，第三人称代词"你"。

⑧奚：何。

⑨云尔：如此而已。云，代词，如此的意思。尔通"耳"，而已，罢了。

【见微知著】

无论是学习还是做其他事情，兴趣都是最强大的内在动力。不管是颜回在贫困之中的"不改其乐"，还是孔子"不知老之将至"的"乐以忘忧"，都与忘我的浓厚兴趣分不开。这种兴趣不是一时的兴之所至，而是源于对自我追求的笃定与坚持。所以，人们才能抛却外在的环境、年龄因素，在事业、学业上获得持久的动力。乐在其中，全身心陶醉其中，达到物我两忘的状态，这才是最理想最美好的学知境界。

【叩门引路】 在我国的古代社会"士农工商"各司其职,犹如一幅五彩斑斓的画卷。士人以文治国,农夫勤劳耕作,工匠精钻技艺,商贾贩运四海。各行各业的人皆能各得其所,安居乐业,共同谱写盛世华章……

古诗四首

秋浦歌·其十四

唐 李白

炉火①照天地,红星乱紫烟。
赧郎②明月夜,歌曲动寒川。

敬敬老师：

诗歌创作中,炼字往往是为了表达的需要,即在用字遣词时进行精细锤炼和创造性搭配。在这首诗的前两句中,所炼之字有哪些呢?

以重：

"照"和"乱"。"照"字写出了熊熊炉火的热烈。这映照天地的炉火,既是工人劳动场景的反映,也和他们豪迈爽朗的心情相映衬;"乱"字,更是巧妙而逼真地将火花四溅、紫烟升腾的冶炼场面再现出来。

商人

唐 吴融

百尺竿头五两③斜,此生何处不为家?
北抛衡岳南过雁,朝发襄阳暮看花。
蹭蹬④也应无陆地,团圆应觉有天涯。
随风逐浪年年别,却笑如期八月槎。

【故事汇】

"八月槎(chá)"指传说中八月里按期通往天河的船筏,后借喻如期来往的船。典出西晋张华《博物志》卷十:"旧说云天河与海通。近世有人居海滨者,年年八月有浮槎去来,不失期。人有奇志,立飞阁于槎上,多赍粮,乘槎而去。十余日中,犹观星月日辰。自后芒芒忽忽,亦不觉昼夜。去十余日,奄至一处,有城郭状,屋舍甚严。遥望宫中多织妇,见一丈夫牵牛渚次饮之。牵牛人乃惊问曰:'何由至此?'此人具说来意,并问此是何处?答曰:'君还至蜀郡,访严君平则知之。'竟不上岸,因还如期。后至蜀,问君平,曰'某年月日有客星犯牵牛宿。'计年月,正是此人到天河时也。"这个故事展现了古人对天河与人间关系的奇妙想象,也反映出当时人们对天文现象的一种解读与附会,充满了神秘色彩与奇幻之感,是人们对宇宙未知的无限遐想。

礼部贡院阅进士试

北宋 欧阳修

紫案⑤焚香暖吹轻,广庭清晓席群英。
无哗战士衔枚⑥勇,下笔春蚕食叶声。
乡里献贤先德行,朝廷列爵待公卿。
自惭衰病心神耗,赖有群公识鉴精。

小业:
颔联以战士衔枚、春蚕食叶为喻,写出了表面上安静、肃穆,实则惊心动魄的考场氛围。

敬敬老师: 你们从中感受到作为考官的欧阳修是怎样的心情?

小业: 字里行间能够看出作者为国家选拔人才时充满希望的喜悦之情。

乐业

夏日田园杂兴·其三十一

宋 范成大

昼出耘田⑦夜绩麻⑧,村庄儿女各当家。
童孙未解供耕织,也傍桑阴学种瓜。

> **以恒**:一"昼"一"夜"写出了村庄男女的勤劳和忙碌。

【注释】

①炉火:这里指炼铜的炉火。唐朝时期,秋浦乃产铜之地,在今安徽贵池区西。

②赧(nǎn)郎:这里指被炉火映红脸庞的冶炼工人。赧,原指因羞愧而脸红。

③五两:古代测风器,用五两(或八两)鸡毛系于高竿顶上,借以观测风向、风力。

④蹭蹬(cèng dèng):路途险阻难行,比喻困顿、不顺利。

⑤紫案:指京都贡院。亦作"紫殿"。

⑥衔枚:古代军旅、田役时,令士卒或差役口中横衔状如筷子的"枚",以禁喧哗。此处比喻人人肃静。

⑦耘田:指在田间除草,劳作。

⑧绩麻:把麻搓成线。

【见微知著】 皎月与炉火交相辉映,歌声与力量波涌激荡,李白描绘了一幅瑰伟壮观的月夜冶炼图,生动表现了火热的劳动场景;商人南来北往四处为家,随风逐浪不惧蹭蹬,吴融刻画出唐朝商人不畏路遥、勇于闯荡的进取精神;贡院考场肃穆安静,考生奋笔疾书,欧阳修作为主考官流露出为国家选拔人才的激动喜悦之情;昼夜勤劳,耘田绩麻,儿女童孙齐齐上阵,范成大以清新自然的语言描绘出乡村人家劳动繁忙的场景。士农工商,社会各行各业都展现出"敬其事,乐其业"的积极向上的精神面貌。

乐业

【叩门引路】鼓书是一种源自我国北方的传统曲艺形式。很多民间艺人勤学苦练，技艺精湛，他们背着书鼓，走遍大城小镇，为老百姓呈现一场又一场的精彩演出，但这个职业曾经却得不到应有的尊重和认可。这篇选文写了三个从事鼓书说唱的艺人，面对抗日团体的演出邀请时，他们分别作出了不同的反应。

鼓书艺人（节选）

现当代 老舍

一个抗日团体，给宝庆来了信，要求他的班子为抗战做点事情。宝庆接到来信，心情十分震动。当琴珠问起他们肯出多少钱时，他大吃一惊。他知道人家连车马费都不会给的。琴珠一听，摇了摇头，做了个怪脸。唐四爷两口子直摇头："不干。"

"我来付琴珠的车马费。"宝庆没辙了，只好这么说。唐家（即唐四爷一家）笑得前仰后合，觉得这实在太滑稽了。四奶奶笑了半天才憋出话来："您钱多，宝庆，好哥们，您有钱。我们穷人得挣钱吃饭，一回白干，他们下回还得来。不过您……您有钱，您为了闺女宁肯往外掏钱，也不肯卖了她。您有那么多钱，真服气。"

宝庆让他们笑去。回到旅馆，他把事情告诉了秀莲。"我干，"她说，"我乐意做点有意义的事。"

问题来了。唱什么好呢？就是那些有爱国内容的鼓词，也太老了，不合现代观众的胃口。宝庆顺口哼了一两段，都不合适，不行。秀莲也有同感。她近来唱的尽是些谈情说爱的词儿。她试了试那些忠君报国的,很不是味。谈情说爱的呢,又不能拿来做宣传。

宝庆开始排练。他先念上一句鼓词,然后用一只手在琴上弹几下,和着唱唱。有些字实在念不上来,就连蒙带唬,找个合辙押韵的词补上。每找到一个合适的词儿,就直乐:"嘀!有了!"

在屋子旮旯(gā lá)里睡着了的窝囊废(即宝森,宝庆的哥哥),让宝庆给吵醒了。他从床上坐起,揉着眼,瞅着兄弟的秃脑门在闪闪的油灯下发亮。"干吗不睡呀,兄弟?"他挺不满意,"够热的了,还点灯!"

宝庆说,他正在琢磨《抗金兵》那段书,准备表一表梁红玉擂鼓战金兵的故事,鼓动大家抗日的心劲。窝囊废又躺下了。"我还以为你打蚊子呢,噼里啪啦的。"宝庆还在拨琴,心里琢磨着词儿,主意一来,就乐得直咧嘴。"秀莲唱什么呢?"窝囊废问。

"还没想好呢,"宝庆答道,"不好办。"

窝囊废又坐了起来。他清了清嗓子,很严肃地说:"你们俩为难的是不识几个字。她要是能识文断字,找段为国捐躯的鼓词唱唱,还有什么犯难的。"他下了床,"来,我来念给你听。你知道我有学问。"

宝庆奇怪了,看着他:"您认那俩字也不比我多呀!"窝囊废受了委屈:"怎么不比你多?用得着的字我都认识。好好听着,我来念。"

兄弟俩哼起鼓词来了。窝囊废念一句,宝庆念一句,哥儿俩都很高兴。很快就练熟了一个段子。窗纸发白的时候,窝囊废主张睡觉,宝庆同意了,可是他睡不着。他又想起了一件揪心的事。琴珠要是不干,那小刘也就不会来弹弦子了。"大哥,"他问,"您给弹弹弦子怎么样?"

"我?"窝囊废应着,"我——图什么呢?"

"为了爱国,也给自个儿增光,"宝庆说得很快,"咱们的名字会用大黑体字登在报上。明白吗？会管咱们叫'先生'。秀莲小姐，方宝庆先生。您准保喜欢。"

没人搭茬儿，只听得一阵鼾声。

第二天上午，十一点，宝庆醒来一看，那把一向放在屋角里的三弦不见了。他跳下了床。怎么，丢了！没了这个宝贝，可就算玩完了。他用手揉着秃脑门，难过地叫起来。倒霉，真倒霉。宝贝三弦呀，丢了！他一抬头，看见窝囊废的床空了——他笑了起来。

他急忙出了旅馆，往小河边跑。他知道窝囊废喜欢坐在水边。他一下子就找到了窝囊废。他坐在一块黑色的大石头上，正拨拉着琴弦。这么说，窝囊废是乐意给弹弦子了。他如释重负地笑了起来，走回旅馆去吃早饭。问题都迎刃而解了，有了弹弦子的，就不是非小刘不可了。

> **以恒：**
> 从躺着到坐起来，到帮忙念词，再到早起练习弹弦子，作者用行动描写表现出窝囊废态度的转变。

宝庆和秀莲加入了一个抗日团体,这个团体正准备上演一出三幕话剧。幕间休息的时候，要方家在幕前演出。宝庆很激动，也很得意。

重庆来的公共汽车司机，捎来了报纸。宝庆看着剧目广告，得意得心直跳。他、他哥哥和秀莲的名字都在上面。用的是黑体的大字，先生、小姐的尊称。他像个小学生一样，大喊大叫地把报纸拿给全家看。窝囊废和秀莲都很高兴。二奶奶说话还是那么尖酸。"叫你先生又怎么样？"她挖苦地说，"还不是得自个儿掏车马费。"

彩排那天，他们早早地就起来了，穿上最好的衣服。秀莲穿的是一件浅绿的新绸旗袍，皮鞋。小辫上扎的是白缎带。吃完早饭，她练习走道不扭屁股。要跟地道的演员同台演戏，得庄严点。走道要两手下垂，背挺得笔直，这可不是件容易的事儿。

窝囊废刮了胡子。他难得刮胡子，这回不但刮了，而且刮得非常认真仔细，一根胡子也没漏网。末了，他把鬓角和脑后的头发也修了修。他穿了件深蓝的大褂，正好跟兄弟的灰大褂相配。为了显得利落，他用长长的宽黑绸带把裤脚扎了起来。

中午时分，他们进了城。宝庆打算好好请大哥吃上一顿，报答大哥成全他的一番美意。但轰炸后的重庆那么荒凉，劫后余烬的景象，倒了他们的胃口。有些烧毁的房子已经重建起来了。有些还是黑乎乎的一堆破烂，有的孤零零地只剩了一堵墙，人们用茅草靠着这堵墙搭起了小棚棚，继续干他们的营生。满眼令人心酸的战争创伤，一堆堆发黑的断砖残瓦。宝庆觉着眼前是一具巨大的尸体，疮痍密布。他一个劲地打战。还是吃点东西好，给身

以恒：
人在受到强烈震撼的情况下才会打战，这说明眼前的场景使宝庆内心受到了震撼，震撼源于巨大的悲伤。宝庆为疮痍遍布的城市和艰难求生的人们感到悲伤。

小业：
除了受到震撼，还有强烈的愤怒！愤怒针对的是肆意踩踏别人家园的敌人。

敬敬老师：
因为有这样强烈的情感冲击，所以更加坚定了宝庆要为抗日出一份力的决心。这段描写起到为下文义演蓄势的作用。

子和心灵都补充点营养。他们来到一家饭馆，饱餐一顿，然后上戏院去会同行——地道的演员，多一半是年轻人。

一见方家兄弟，大家都迎了上来。所有的青年男女，都管宝庆叫"先生"，他非常得意。这跟唱堂会太不一样了，人家那是把他们当下人使唤。

窝囊废郑重其事地走上台，秀莲跟在后面。幕前摆好一张桌子，一把椅子，还支着一面鼓。窝囊废挺有气派地站住，面向观众。他一本正经地慢慢卷起袖子，搔了搔脑袋，弹了起来。

宝庆高高举起鼓槌子，咚咚地敲了起来。七八句唱下来，他看出听众有了点兴趣。他歇了口气，清了清嗓子。得把嗓门溜开，让场里每个角落都听得清清楚楚，得让人人都明白他唱的是什么。宝庆又等了一会，等到全场鸦雀无声，才又唱起来，声音高亢，表情细腻，吐字行腔，精雕细琢，让听众仔细玩味他唱的每一句书。梁红玉以一弱女子，不惧强敌，不畏艰险，在长江之上，迎着汹涌波涛，擂鼓助战。说书人凭一面鼓，一张琴，演得出神入化。只听得风萧萧，水滔滔，隆隆鼓声震撼着将士们的爱国心弦，霎时间，万马奔腾，杀声震天，大鼓书紧紧抓住了听众的心，三幕话剧早置诸脑后。

三弦的最后余音也消失了。场里一片肃穆，气氛兴奋又紧张。听众屏息凝神，像中了魔，末了，突然爆发出掌声。宝庆跟地道的名角一样，大大方方地抓住窝囊废的手，举了起来。他鞠了一躬，窝囊废也挺不自然地鞠了一躬。听众一片叫好声。宝庆庄重地拿起三弦，走下了台——这是对他大哥，优秀琴师的一番敬意。

> **以重：**
> 相对于前面一段的正面描写，我觉得这里对观众反应的侧面描写更能表现演出的精彩。

以恒：
表演结束了，观众还沉浸其中，"像中了魔"。这就是所谓的"余音绕梁"吧！

在后台，全体演员围住了宝庆和窝囊废，拍他们的背，跟他们拉手。年轻的知识分子热情洋溢，宝庆激动得说不出话。吵吵嚷嚷的年轻人围了上来，他立着，眼泪顺着腮帮子往下流。

敬敬老师：
面对观众的热烈反应，宝庆"大大方方"，宝森却"挺不自然"。宝森为什么会这样？这表现出他怎样的心理？

读者留言：

【见微知著】

为了支持抗战，宝庆决定自费前往重庆义演。虽然他被琴珠嘲笑了一通，但原本赖在家里当"窝囊废"的宝森深受其感召，决定加入义演，帮忙拉三弦。在这场鼓书表演中，宝庆哥俩用精彩的演出赢得了观众的热烈掌声，感受到了前所未有的尊重与热情，实现了自我价值。认识普通工作的价值与意义，从工作中获得荣誉感和成就感，提高职业认同，是我们提升职业幸福感、快乐工作的不竭源泉。

【叩门引路】 生活在古代，想要来一场说走就走的旅行可不是一件容易的事。山高路远，车马遥遥，客舍难遇，但勇者无畏，行者无疆。明代"背包客""旅游博主"徐霞客以"朝碧海而暮苍梧"为志向，用脚步丈量祖国山川大河。四百多年前，徐霞客历经千难万险，先后四次长途跋涉，足迹遍及大半个中国，写下了60多万字的中国地理名著《徐霞客游记》。他在书中记录了自己两次登黄山的经历，这篇选文就是根据徐霞客第一次游黄山的日记改写而成。

我本痴人（节选）

当代 朱千华

万历四十四年（1616）二月，徐霞客前往黄山。

初三日，大雪盈尺。徐霞客随樵夫行于皖南山间，深一脚浅一脚，走了很久。樵夫说，祥符寺到了。

黄山近在眼前，徐霞客决定在祥符寺住下。寺僧见来人面色黝黑，相貌清奇，谈吐不俗，遂将祥符寺与黄山典故一一道来。李白、贾岛、杜荀鹤、范成大等大诗人曾相继在此游览，留下无数诗篇。宋代祥符寺住持行明，将收藏的《黄山图经》刻印成书，山峰、溪流等一一标注，黄山之名日盛。

"请问法师，何处可沐浴？"徐霞客问。

"汤泉隔溪可见。"寺僧闻言道。

徐霞客从祥符寺渡过小溪，果见一温泉，雾气缭绕，一片朦胧。

温泉前临溪水，后倚岩壁，三面砌以石块，上面架石条，像桥一样。泉水深三尺，冬日寒冷，然泉水甚旺，池外寒风飘雪，池里热气蒸腾。水泡从池底汩汩冒出，空气里弥漫着清香。

沐浴半晌。壁上"一洗红尘"四字，十分醒目，徐霞客看了，笑笑，心上蒙尘能洗么？汤池水汽淋漓，徐霞客须发湿透。他想到三年前，自己在水中赤足而行的情景。

天台石梁下，山溪汹涌，其势如万马奔腾。离瀑布一百多米远的地方，有一座造型简洁的石桥，叫作仙人筏，是瀑布下游的第一座桥。徐霞客对莲舟上人说："您先去下面的那座桥上等我。我从下面蹚水过去。"

莲舟知道徐霞客的脾气，总喜欢另辟蹊径，就由着他，自己往仙人筏走去。

徐霞客脱去鞋袜，走进冰冷的山溪之中。

虽是立夏时节，水还是很凉，如同走在冰块上。他的身体浸泡在溪水中，摸索前行。水里卵石长满青苔，稍不留神就会滑倒。走着走着，徐霞客感觉脚底十分柔软，他看到水下都是油油的水草，感到快慰而且舒坦，这种感觉，从来都不曾有过。

徐霞客很享受这种在水里赤足而行的感觉，就如同现在，浸泡在山野的温泉中。

以恒：真是不走寻常路！

小业：涉溪而行和沐浴温泉一样，都是徐霞客爱山乐水的表现。

良久，徐霞客走出泉池，面对群山，赤身坦荡，张开双臂，让雪花飘满胸膛。泉水洗身，雪花沐心，正可荡涤肺腑。

这天，大雪封门。徐霞客放弃赶路，独坐禅房，听雪一日。

世人多看雪。所谓雪落无声，哪有听雪的？徐霞客的好友陈继儒曾说，春听鸟声，夏听蝉声，秋听虫声，冬听雪声。

徐霞客盘腿而坐，如老僧入定，谛听雪声。大凡猛雪，即可听见雪洒竹林，淅淅沥沥，萧萧落下。竹上积雪越多，雪声越重。

随着风声与竹叶摩挲，雪声轻重缓急，声韵如玉箫悠然，忽而旋风骤然压来，积雪断竹，啪啪之声不断，雪团轰然坠地，散成碎片，却又如檀板惊梦，让人陡觉寒气弥增。

徐霞客安静地盘坐着，雪安静地下，耳里、心里、室外只有雪，物我两忘，到处都是落雪的声音。此等天地大美，又岂是寻常人等能够看到的？

眼中最美的身影

敬敬老师：
徐霞客在《游黄山日记徽州府》中写他枯坐一整天听下雪的声音时，只用了一句话"兀坐听雪溜竟日"。这里却写了这么多！为何两者会有这样大的差别呢？

以恒：
徐霞客主要是为客观地记录下黄山风物，"听雪"则强调的是自身心理感受，所以前者略写。

小业：
本文意在表现徐霞客对大自然的热爱与执着，所以作者描写细致。这种详略不一的处理很有意思！

敬敬老师：
略写更加言简意赅，往往起到言有尽而意无穷的效果；详写能将重点内容交代清楚，使之饱满。

以重：
这段详写就很好地凸显了徐霞客对旅行的热爱和专注，传递出一种物我两忘的美好状态。有热爱，才会有慧眼、慧心去体察天地大美。

大雪封山，已有三个月。雪还在下。徐霞客想等雪停再上山，看看天色，雪完全没有停息的意思。

慈光寺的僧人告诉他，去山顶几个寺庙的路，都被厚厚的积雪封闭，早上派人往山顶送粮，因积雪太厚，无法通行，只好返回。

徐霞客决定，不再等待。第二天，他找到一位向导，各自拿着一根竹杖，准备上山顶。

离开慈光寺数里，石级越来越险峻，积雪也越深。背阴的地方积雪成冰，坚硬而且溜滑，不能落脚。

向导问："徐先生，此漫天大雪，行路如此艰难，您上山是要寻找什么东西吗？"

徐霞客不知该怎么回答他，就说："是啊，不找东西，我上山做什么？"

徐霞客走在前面，他用手杖凿冰，凿出一孔，放置前脚，再挖一孔，挪动后脚。

忽然，有两个寺僧仿佛从天而降。他俩走到近前，合掌施礼，说："我们被大雪阻隔山中，已有三月，现在勉强出来寻粮。浑天大雪，你们如何上得山来？"

徐霞客只说去光明顶。

顺着寺僧指引的莲花峰，向北走，上下好几次，终于到达天门附近。

向导又说："徐先生，若不是要紧事，我们返回还来得及，前面的天门，就是鬼门关，若无雪时，尚且难行，今大雪没腰，危险异常。恐行不得也。"

徐霞客笑着说："越是有雪，越是谨慎，所以行得。"

天门两侧，壁如刀削，陡直相夹，中间窄小，只容一人摩肩而行。高数十丈，仰面看去，阴森黯然，令人毛骨悚然。

天门里，积雪更深。徐霞客依然凿冰攀登。

经过千辛万苦，徐霞客终于如愿以偿，登上光明顶。

光明顶上有块巨石，石上有棵怪异的老松，盘根错节。徐霞客爬上巨石，席地而坐，只见天都、莲花两峰在前方并肩而立，翠微、三海门在后面环绕。向下看去，极其陡峭的山崖和峻峭的山岭，都在大山坞中了。

冰天雪地上，徐霞客独然而坐。

良久，向导走到徐霞客身边，问道："徐先生，恕在下冒昧，有一事实在不明，想请教。您看这大雪天，不在家烧火取暖，围炉煮酒，与家人团聚，共享天伦，却不惜舍身，冒死登山。黄山再美，不值得您如此冒险啊。我是家贫，挣点银子。而您，却又为何故？"

徐霞客回答说："我是痴人。"

在向导眼睛里，如此怪僻的行为，也只能是痴人了。

敬敬老师：
徐霞客口中的"痴"和向导眼里的"痴"是同一个意思吗？如果不是，你认为它们分别指的是什么？

读者留言：

乐业

【见微知著】

万历四十四年二月初三，徐霞客第一次来到黄山。他不顾大雪封山，艰难攀登，领略雪光山色、奇松怪石，最终排除万难，登上光明顶，一览众山。封建时代，许多读书人的追求是"举业"，即通过科举进入仕途，徐霞客显然与一般读书人的追求迥异。在别人眼里，徐霞客的"痴"是怪癖；在他自己心里，"痴"是热爱，是执着。我们喜欢把人生比作旅途，那这旅行的意义又是什么？徐霞客把爱好当成事业去追求，他以亲身经历告诉我们，专心走自己的路，坚持走艰难的路，敢于走与众不同的路，才能看到别人看不到的风景，领略别人难以领略的风光，真正找到内心的满足和宁静。

【邀你读书】

　　《徐霞客游记》既是系统考察中国地貌地质的开山之作，又是令人回味无穷的文学佳作。《徐霞客游记》的部分内容因战乱等原因散佚了，现存 39 篇。如今我们读到的《徐霞客游记》分为两个板块。第一个板块是他青壮年时期在问奇于名山大川过程中撰写的，共 17 篇。第二个板块是他晚年的"万里遐征"，共 22 篇。当时他已过 50 岁，身患重病，两条腿几乎废了，很多人劝说他回家，不要再走下去了。这时，徐霞客拿出一把铁锹，说道："何处不可埋吾骨耶！"正因为他的热爱，才有了地理著作《徐霞客游记》。

　　徐霞客对所到之处的水文、植物、地质等方面进行了详细地考察，纠正了古籍中的许多错误。书中首次记录了地热现象；详尽描述了钟乳石、石林、溶洞、盲谷等喀斯特地貌形态，并分析它们的成因；根据实地考察，否认了《尚书》中流行了一千多年的"岷山导江"的结论，确定了金沙江是长江的上源……这些考察记录为研究自然地理和历史地理提供了极有价值的史料。徐霞客观察敏锐，语言灵动，用词精准，擅长抓住不同景观的独特之处，用比喻、拟人、排比等修辞手法刻画山川之美，做到融情于景，情景交融。

【叩门引路】在北极,有一座"世界末日种子库",它储存着全球已知的几乎所有农作物种子,是确保全球粮食安全的最后一道防线。在中国,也有一座种子库——中国西南野生生物种质资源库,它是亚洲最大的种子库,也是三大世界级种子库之一。这座种子库里有许多"种子猎人",钟扬就是其中一位。他不仅是植物学家,还有很多其他身份。阅读下面这篇文章,走进"探界者"的内心世界,感受一粒"种子"的初心与梦想……

"探界者"钟扬(节选)

当代 叶雨婷

拟南芥,一种看起来细弱的草本植物,因为生长快、体型小、分布广、基因组小,常被植物学家比作"小白鼠",是进行遗传学研究的好材料,全世界有众多的植物学家都在研究它。

在植物学家很少涉足的青藏高原,执着的钟扬团队发现了它。钟扬把拟南芥栽种在自己位于西藏大学安置房的后院中,把它做成标本带回了复旦大学。

植物学家、科普达人、援藏干部、教育专家……哪一个身份都可以以一种完整的人生角色在他身上呈现,在生命的高度和广度上,他一直在探索自己的边界,直到他生命戛然而止的那一天……

> 小业:拟南芥虽弱小,但在植物界很重要!

> **敬敬老师：**
> 这里以独特植物拟南芥开头，自然地引出它的研究者钟扬。你能说说这样写的好处吗？

"英雄"少年

1978年，湖北黄冈一所中学的大操场上举行隆重的欢送仪式，庆祝恢复高考后的第一届大学生即将入学，4名考上大学的同学胸前戴着大红花，像英雄一般。

钟扬也渴望成为那样的"英雄"。父亲是当地的招办主任，为了避嫌，父亲不让他以在读生身份提前参加高考。在与父亲赌气的同时，钟扬参加了中国科技大学少年班的考试。当时的竞争非常激烈，就在钟扬差点失去信心的时候，他接到了通知——考上了！

这个15岁考入中科大无线电专业的少年，开始了他"不安分"的人生。

> **敬敬老师：**
> "不安分"在这里属于贬词褒用，点明钟扬不安于现状，勇于开拓进取，这和"探界者"的评价相呼应。

钟扬的母亲回忆，钟扬在考上少年班以后就开始补习数学、物理，因为老师说他这两门考得不好。进入大学以后，钟扬一边忙着学生会宣传委员的事务，一边坚持每月往家里写信。

那时，学习无线电专业的他对植物学产生了浓厚的兴趣，因此转向用计算机技术研究植物学问题。1984年，钟扬被分配到中国科学院武汉植物所工作。那时，他曾用两年的业余时间，旁听了武汉大学生物系的课程。

回忆起这段往事，钟扬的妻子也感叹："他在这方面的知识储备非常充足。"

和钟扬外向热情的性格相比，他的妻子就显得内向了许多。那时候，工作调动是一件非常困难的事，加上不愿和父母分居异地，妻子对于与钟扬的婚事一直犹豫不定。

一次，她在工作结束后回到武汉，钟扬在车站接她时突然开门见山地说，自己把证明开好了。

"什么证明？"妻子问。

"我们的结婚证明啊。"

"我还没同意呢，你怎么就把这个证明开了呢？"

"没有问题，大家都觉得可以了，到时间了。"

"于是我就这样有点'被胁迫'地领了结婚证。"妻子笑说。

结婚没几年，33岁的钟扬就成了武汉植物所副所长。后来，这位在生活和工作中都雷厉风行的年轻副局级干部干出一件让常人无法理解的事情——放弃武汉的一切，去上海当一名高校教师。

种子达人

2000年，钟扬辞去武汉植物所的工作来到复旦大学。

那年5月钟扬报到时，学校还没有过渡房，临时给他找了一套系里别的老师提供的毛坯房。他毫无怨言地接受了这个连煤气、热水器都没有的房子，洗着冷水澡住了半年。

尽管钟扬对生活品质不讲究，但对于"种子"却一点也不将就。为了自己的"种子事业"，他的足迹延伸到了气候恶劣、人间稀少的青藏高原。

从他到复旦大学的第二年起，钟扬就开始主动到西藏采集种子。2009年，钟扬正式成为中组部援藏干部。据统计，在这十几年间，他收集了上千种植物的4000万颗种子，占到了西藏高等植物的1/5。

很多人都有这样的疑问，钟扬为什么要收集种子？

"一个基因能够拯救一个国家，一粒种子能够造福万千苍生。青藏高原这个地区，植物种类占到了我国植物种类的1/3。有些地方甚至百年来无人涉足，植物资源被严重低估。"钟扬曾在一次公开演讲中这样介绍。

他扎根西藏，努力为人类建一个来自世界屋脊的种子"宝库"。

对钟扬来说，采种子是一件乐事。"作为一个植物学家，我最喜欢的植物是蒲公英，如果发现它开花并且结了种子，我会用手抓一把，一摊开里面一般有200颗。我最讨厌的植物是什么呢？椰子。那么大一颗，8000颗的样本数量，我们需要两卡车把它们拉回来。"钟扬调侃道。

然而，在西藏采集种子更多的是随时出现的高原反应和长时间的体力透支。而钟扬却背着他经典的黑色双肩包，穿着磨白了的牛仔裤，戴着一顶晒变色的宽檐帽，迈着长期痛风的腿，在青藏高原上刷新一个植物学家的极限，连藏族同事都称他为"钟大胆"。

钟扬在西藏大学理学院的一位同事说："每次和钟老师采种子都是惊险和惊喜并存。"

"那次，我们跟着钟老师去采集高山雪莲。我们从海拔5200米的珠峰大本营出发向更高的山地挺进时，钟老师出现了严重的高原反应，头痛欲裂，呼吸急促，全身无力，随时都会有生命危险。"这位同事回忆。

大家都建议钟扬待在帐篷里，而他却说："我最清楚植物的情况，我不去的话，你们更难找。你们能爬，我也能爬。"最终，钟扬带着学生在海拔6000多米的珠峰北坡，采集到了被认为是世界上生长在海拔最高处的种子植物——鼠曲雪兔子，也攀登到了

插画 陈慧琴

中国植物学家采样的最高点。

如今，这些种子静静地沉睡在一个又一个玻璃罐里，等待着有一天，改变人类的命运。按钟扬的话说，也许那个时候，胖胖的钟教授已经不在了，但是他期待着它们可以派上用场。

生命延续

2017年5月的一场讲座中，钟扬曾介绍自己实验室里研究过一种"长寿基因"。他们使用生命期5至7天的线虫作为实验对象，当某种基因被敲除后，线虫寿命可增加5至7倍。

有人问，只要敲除一个基因，人是否可以更长寿。钟扬回答："这个基因主管生殖，要想长寿必须在一出生就去除掉，意味着你将终身无法生育。"对于钟扬这样的植物学家来说，生命的长短成为了藏在基因里的密码。

但对于他个人来讲，生命的意义是什么？或许在与千千万万种生命打交道的过程中，钟扬已经有了答案。

"在一个适宜生物生存与发展的良好环境中，不乏各种各样的成功者，它们造就了生命的辉煌。然而，生命的高度绝不只是一种形式。当一个物种要拓展其疆域而必须迎接恶劣环境挑战的时候，总是需要一些先锋者牺牲个体的优势，以换取整个群体乃至物种新的生存空间和发展机遇。换言之，先锋者为成功者奠定

> **以恒：**
> 奇怪！通常来说，一个领域的"先锋者"代表着走在这个领域最前列的人，是开拓进取的形象。我肯定很乐于成为这样一个"先锋者"！可是为什么这里却用"甘愿成为"呢？

敬敬老师：
或许我们可以看看，这里的"先锋者"出现在什么领域？成为"先锋者"又意味着什么？

读者留言：

了基础，它们在生命的高度上应该是一致的。"在复旦大学2012年7月6日的校刊上，钟扬发表的《生命的高度》一文这样写道。

在探寻生命的边界时，他甘愿成为一个先锋者。

钟扬的身体条件是不适合长期在高原工作的。2015年，钟扬突发脑出血，对常人来说，这应是一次生命的警告，钟扬却把它理解成工作倒计时的闹钟。

"他有一种想把时间抢回来的劲头。"钟扬的同事回忆道，病好以后，大家都以为原本忙碌的钟老师可以调整一下超负荷的生活节奏，"收敛一点"。没想到的是，他变得更加拼命了。

西藏大学的老师展示了钟扬2017年6月24日的行程安排：上午到拉萨贡嘎机场，下午3点半参加西藏大学博士生答辩会，5点跟西藏大学的同事和研究生处理各种学科建设和研究生论文等事情，晚11点回到宿舍网上评阅国家基金委各项申请书，深夜1点开始处理邮件，深夜2点上床睡觉，凌晨4点起床，4点半赶往墨脱进行野外科学考察。

钟扬未完成的愿望很多，他希望继续收集青藏高原的种子资料，希望帮助西藏大学学科建设不断提高，希望培养出更多扎根高原的植物学人才……

脑出血之后，医生、亲友、同事都劝钟扬不要再去西藏，说他简直是拿自己的生命做赌注，而他第三次向组织递交了继续担任援藏干部的申请书，成为第八批援藏干部。

"再次进藏时，我明显感觉到他的身体大不如前，连上车和下车都特别吃力。但他总说'没事，我很好'。他对我说，自己的时间太短了，必须这样。"钟扬的同事说。

2017年9月25日，钟扬忙碌的行程在出差赴内蒙古城川民族干部学院作报告之后戛然而止。

而在他双肩背包里的很多张小纸条显示出，他的工作依然很满——

9月26日，他将回到复旦大学上党课，带大家学习科学家黄大年的先进事迹；

9月28日，他将来到拉萨，参加29日的西藏大学生态学一流学科建设推进会；

之后，他将完成西藏植物学期刊的创刊文章，完成关于"生物样本库的伦理问题和管理政策研究"的国家社科基金项目的招标，继续英文科普著作《不凡的物种》的翻译工作……

未来，他还希望在成都或上海建立青藏高原研究院，让上海的红树林实现自由生长，让更多的中小学生通过科学课程提高科学思维，让更多的学生致力于青藏高原的种子事业……

"任何生命都有结束的一天，但我毫不畏惧，因为我的学生会将科学探索之路延续下去，而我们采集的种子，也许会在几百年后的某一天生根发芽，到那时，不知会完成多少人的梦想。"对于生命的意义，钟扬这样说。

【见微知著】选文从求学、科研、科普、教育等多个方面写出了钟扬不设限的人生,亲切自然,富有感染力。一个人的体能、精力是有限的,钟扬却将它们发挥到极致,积极投身多个领域,同时从事多项工作,并且做得非常出色。爱之愈深,则敬之愈真。如果没有发自内心的热爱,一个人不可能这样去燃烧自己。钟扬对植物学的热爱,源于他对生命的深刻理解——生命的意义不在于长度,而在于高度和宽度;生命有限,但梦想无限。

【叩门引路】你有细心观察过身边的普通岗位上的工作者吗？熙攘的人群里，有他们守护的身影；城市的发展中，有他们绘就的蓝图。汪曾祺就描写了这样一类坚守在公共汽车岗位上的工作者。他以细腻的笔触描画出一幅平凡岗位铸就不平凡事业的美好画面，让我们感受到身边处处有爱岗尽职的平凡工作者。

公共汽车

当代 汪曾祺

去年，在公共汽车上，我的孩子问我："小驴子有舅舅吗？"他在路上看到一只小驴子；他自己的舅舅前两天刚从桂林来，开了几天会，又走了。

今年，在公共汽车上，我的孩子告诉我："这是洒水车，这是载重汽车，这是老雕车……我会画大卡车。我们托儿所有个小朋友，他画得棒极了，他什么都会画，他……"

我的孩子跟我说了不止一次了："我长大了开公共汽车！"我想了一想，我没有意见。不过，这一来，每次上公共汽车，我就只好更得顺着他了。从前，一上公共汽车，我总是向后面看看，要是有座位，能坐一会儿也好嘛。他可不，一上来就往前面钻。钻到前面干什么呢？站在那里看司机叔叔开汽车。起先他问我为什么前面那个表旁边有两个扣子大的小灯，一个红的，一个黄的？为什么亮了——又慢慢地灭了？我以为他发生兴趣的也就是这两个小灯；后来，我发现并不是的，他对那两个小灯已经颇为冷淡了，但还是一样一上车就急忙往前面钻,站在那里看。我知道吸引住他的早就已经不是小红灯、小黄灯,是人开汽车。我们曾经因为意见不同而发生过不愉快。有一两次因为我不很了解,没有尊重他的愿望,一上车就抱着他到后面去坐下了,及至发觉,则已经来不及了,前面已经堵得严严的,怎么也挤不过去了。于是他跟我吵了一路。"我说上前面,你定要到后面来!"——"你没有说呀!"——"我说了!我说了!"——他是没有说,不过他在心里是说了。"现在去也不行啦,这么多人!"——"刚才没有人!刚才没有人!"这以后,我就尊重他了,甭想再坐了。但是我"从思想里明确起来",则还在他宣布了他的志愿以后。从此,一上车,我就立刻往右拐,几乎已经成了本能,简直比他还积极。有时前面人多,我也带着他往前挤:"劳驾,劳驾,我们这孩子,唉!要看开汽车,咳……"

开公共汽车。这实在也不坏。

开公共汽车,这是一桩复杂的、艰巨的工作。开公共汽车,这不是开普通的汽车。你知道,北京的公共汽车有多挤。在公共汽车上工作,这是对付人的工作,不是对付机器。

在北京的公共汽车上工作的、开车的、售票的,绝大部分是一些有本事的、精干的人。我看过很多司机,很多售票员。有一些,确乎是不好的。我看过一个面色苍白的、萎弱的售票员,他几乎一早上出车时就打不起精神来。他含含糊糊地、口齿不清地报着站名,吃力地点着钱,划着票;眼睛看也不看,带着淡淡的怨气呻吟着:"不下车的往后面走走,下面等车的人很多……"也有的司机,在车子到站,上客下客的时候就休息起来,或者看他手上的表,驾驶台后面的事他满不关心。但是我看过很多精力旺盛的、机敏灵活的、不知疲倦的售票员。我看到过一个长着浅浅的兜腮胡子和一对乌黑的大眼睛的角色,他在最挤的一趟车快要到达终点站的时候还是声若洪钟。一副配在最大的演出会上报幕的真正漂亮的嗓子。大声地说了那么多话而能一点不声嘶力竭、气急败坏，这不只是个嗓子的问题。

> **以恒**：这不只是个嗓子的问题，那会是什么问题呢？

> **小业**：这是一个工作态度的问题。

> **敬敬老师：**
> 这里使用了留白的艺术手法，无声胜有声，让我们感受到这位售票员饱满的工作热情及平和乐观的心态。

我看到过一个家伙，他每次都能在一定的地方，用一定的速度报告下车之后到什么地方该换乘什么车，他的声音是比较固定的，但是保持着自然的语调高低，咬字准确清楚，没有像有些售票员一样把许多字音吃了，并且因为把两个字音搭起来变成一种特殊的声调，没有变成一种过分职业化的有点油气的说白，没有把这个工作变成一种仅具形式的玩弄——而且，每一次他都是恰好把最后一句话说完，车也就到了站，他就在最后一个字的尾音里拉开了车门，顺势弹跳下车。我看见过一个总是高高兴兴而又精细认真的小伙子。

> **敬敬老师：**
> 同样是售票员，作者为什么分别使用"角色""家伙""小伙子"三个不同的词来称呼他们？

> **小业：** 不同的称呼使行文口语化，有京味儿，显得亲近幽默。

> **以重：** 我认为称呼变换的背后，反映的是作者的不同情感。"角色"含有佩服之意；"家伙"有诙谐之感；"小伙子"洋溢着喜爱之情。

那是夏天，他穿一件背心，已经完全汗湿了而且弄得颇有点污脏了，但是他还是笑嘻嘻的。我看见他很亲切地请一位乘客起来，让一位怀孕的女同志坐，而那位女同志不坐，说她再有两站就下车了。"坐两站也好嘛！"她竟然坚持不坐，于是他只好无可奈何地笑一笑；车上的人也都很同情他的笑，包括那位刚刚站起来的乘客，这个座位终于只是空着，尽管车上并不是不挤。车上的人这时想到的不是要不要坐下，而是想的另外一类的事情。有那样的售票员，在看见有孕妇、老人、孩子上车的时候也说一声："劳驾来，给孕妇、抱小孩的让个座吧！"说完了他就不管了。甚至有的说过了还急忙离孕妇老人远一点，躲开抱着孩子的母亲向他看着的眼睛，他怕真给找起座位来麻烦，怕遇到蛮横的乘客惹起争吵，他没有诚心，在困难面前退却了。他不。对于他所提出的给孕妇、老人、孩子让座的请求是不会有人拒绝，不会不乐意的，因为他确是在关心着老人、孕妇和孩子，不只是履行职务，他是要想尽办法使他们安全，使他们比较舒适的，不只是说两句话。他找起座位来总是比较顺利，用不了多少时候，所以耽误不了别的事。这不是很奇怪么？是的，了解一个人的品德并不很难，只要看看他的眼睛。我看见，在车里人比较少一点的时候，在他把票都卖完了的时候，他和一个学生模样的女孩子在闲谈，好像谈她的姨妈怎么怎么的,看起来,这女孩子是他一个邻居。而,当车快到站的时候,他立刻很自然地结束了谈话,扬声报告所到的站名和转乘车辆的路线,打开车门,稳健而灵活地跳下去。我看见,他的背心上印着字:一九五五年北京市公共汽车公司模范售票员;底下还有一个号码,很抱歉,我把它忘了。当时我是记住的,我以为我不会忘,可是我把它忘了。我对记数字太没有本领了——是225?是不是?现在是六点一刻,他就要交班了。他到了家,洗一个澡,一定会换一身干干净净的、雪白的衬衫,还会去看一场电影。会的,他很愉快,他不感到十分疲倦。是和谁呢?是刚才车上那个女孩子么?这小伙子有一副招人喜欢的体态:文雅。多么漂亮,多有出息的小伙子!祝你幸福……

　　我看到过一个司机。就是跟那个苍白的、疲乏的售票员在一辆车上的司机。这是一个沉默寡言的、冷静的人,有四十多岁,一张瘦瘦的黑黑的脸,脸上没有什么表情。这个人,车是开得好的;在路上遇到什么人乱跑或者前面的自行车把不住方向,情况颇为紧急时,从不大惊小怪,不使得一车的人都急忙伸出头来往外看,也不大声呵斥骑车行路的人。这个人,一到站,就站起来,转身向后,偶尔也伸出手来指点一下:"那位穿蓝制服的,你要到西单才下车,请你往后走走。拿皮包的那位同志,请你偏过身子来,让这位老太太下车。车下有一个孕妇,坐专座的同志,请你站起来。往后走,往后走,后面还有地方,还可以再往后走。"很奇怪,车上的人就在他的这样的简单的、平淡的话的指挥之下,变得服服帖帖,很有秩序。他从来不呼吁,不请求,不道"劳驾",不说"上下班的时候,人多,大家挤挤!""大礼拜六的,谁不想早点回家呀,挤挤,挤挤,多上一个好一个!""外边下着雨,互相多照顾照顾吧,都上来了最好!""上不来了!后边车就来啦!我不愿意多上几个呀!我愿意都上来才好哩,也得挤得下呀!"他不说这些！这个人身上有一种奇特的东西，那就是：坚定、自信。我看了看车上钉着的《公共汽车司机售票员守则》，有一条，是"负责疏导乘客"，"疏导"，这两个字是谁想出来的？这实在很好，这用在他身上是再恰当也没有了。于此可见，语言，是得要从生活里来的。我再看看《公约》，《公约》的第一条是："热爱乘客。"我想了想，像他这样，是"热爱"吗？我想，是的，是热爱，这样的冷静、坚定，也是热爱，正如同那225号的小伙子的开朗的笑容是热爱一样……

人，是有各色各样的人的。

……我的孩子长大了要开公共汽车，我没有意见。

乐业

【见微知著】 汪曾祺用白描的手法塑造了多位公共汽车售票员、驾驶员，他们有的精力充沛，有的细细认真，有的热情洋溢，有的坚定自信。但在风格迥异的背后，他们都在同样地坚守着自己的岗位。这让我们认识到，平凡并不等于平庸。只要热爱自己的岗位，恪尽自己的职责，就可以在日复一日的平凡工作中，找到属于自己的价值，并获得成就感。

【大河论坛】

理想的职业通常既是自己喜欢的，又能发挥个人特长，还能为他人和社会创造价值。可当自己的兴趣、热爱与家庭责任、社会责任等发生冲突时，我们该如何选择呢？

互动留言区：

小业：

我认为热爱是促使一个人持续不断地进行探索的根源所在。一个人倘若缺失了热爱，便会深感自己所从事的职业单调乏味、毫无生气。那么，究竟如何才能确保自己在日复一日的工作中坚守下来，并且认真对待呢？答案就是热爱。它宛如漫漫黑夜中那一抹璀璨的亮光，不仅为人们带来了希望，更为人们指明了前行的方向，让人能够于现实的情境之中真切地体悟到生命的美好，进而获取奋勇向前的强大力量。

以重：

的确，兴趣与责任有时会有矛盾。兴趣其实代表的是自己喜欢的事物，是一种"从心"，主要是感性的认知，而责任是外在对自我的要求。如果二者发生矛盾，我认为应该先承担社会责任，并且我认为不论哪种职业，只要认真面对，愿意钻研，总会发现其精彩有魅力的一面，从而将其由不感兴趣转化为感兴趣，兼顾个人兴趣与社会责任，在承担责任的同时追求自己的梦想。

我说：

眼中最美的身影

【一叶知春】

敬业乐群。
——《礼记》

素其位而行，不愿乎其外。
——《中庸》

安其俗，乐其业。
——《老子》

虽天地之大，万物之多，而唯蜩翼之知。
——《庄子》

人生能从自己职业中领略出趣味，生活才有价值。
——近代·梁启超《敬业与乐业》

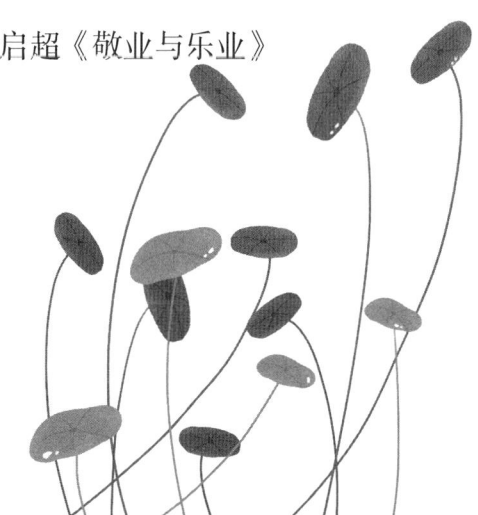

勤　业

锲而不舍,金石可镂。

——《荀子·劝学》

> 李绅的《悯农》脍炙人口，家喻户晓。"锄禾日当午，汗滴禾下土"生动描写了在烈日当空的中午，农民们在田间辛勤劳作、挥汗如雨的情景，读来让人感动。在你们心中，什么样的人才称得上勤劳呢？

敬敬老师

> 白居易笔下的"足蒸暑土气，背灼炎天光"，写的也是勤劳的农民。

以重

> 时至今日，农民们依旧顶着炎炎烈日，勤劳耕耘，他们身上彰显出吃苦耐劳的精神品质。这就是勤劳最真实的写照！

以恒

> 除了农民伯伯，在各行各业我们都能看到勤劳的身影，比如人民警察任长霞。在21年的警察生涯中，她破积案、难案，忠诚履职尽责，亲守"扫黑一线"，保一方平安。她说，不亲自到达破案现场的局长，不能算是称职的公安局局长。这样的人无疑是勤劳的！

小业

> 还有"人民楷模"王继才。他怀着"一片赤心惟报国"的责任心，守在条件艰苦的开山岛上，坚持每天升国旗、观海况、写日志，踏踏实实做好每一件事，一守就是32年。他就是我眼中勤劳的典型。

以恒

眼中最美的身影

你们说得都对。吃苦耐劳、恪尽职守、脚踏实地都是勤劳的品质。我认为在行动前，就需对所做之事抱有认真负责、有始有终的态度，做事得有头有尾，负责到底，这大概也算是勤劳的前提条件吧。

勤勤

勤业

中华民族自古以来就是勤劳智慧的民族。我们相信劳动创造幸福，努力成就人生。中华人民共和国成立70多年来，中国人民大力弘扬艰苦奋斗精神，从成立之初的一穷二白到载人航天、载人深潜等，攻克了一个又一个难关，创造了一个又一个奇迹。展望未来，要实现中华民族伟大复兴，同样需要我们以一往无前的姿态继续奋斗。

敬敬老师

【叩门引路】很多同学应该都对"少壮不努力,老大徒伤悲"这句诗印象深刻,它出自汉乐府的劝学诗《长歌行》。劝学诗是中国古代诗歌中一道独特的风景,每个朝代都不乏优秀的劝学之作,这些诗歌激励了一代又一代的读书人勤学苦读,勇攀知识高峰。

古诗三首

劝学

唐 颜真卿

三更①灯火五更鸡②,正是男儿读书时。
黑发③不知勤学早,白首④方⑤悔读书迟。

眼中最美的身影

敬敬老师:
第一句看似描述了客观现象夜深日早,但连上第二句来看,实则表明的是一种主观的学习态度——勤奋刻苦。

以重:
"黑发""白首"运用借代手法,代指青年、老年,两相对照,突出年少勤学的可贵。

题弟侄书堂

唐 杜荀鹤

何事⑥居穷道不穷⑦,乱时⑧还与静时同。
家山⑨虽在干戈⑩地,弟侄常修礼乐⑪风。
窗竹影摇书案⑫上,野泉声入砚池中。
少年辛苦终身事,莫向光阴惰⑬寸功。

敬敬老师： 颈联的两句诗是以什么手法来衬托弟侄的形象特点的呢？

以重：
这两句运用了联想、想象的手法来写书房。诗人想象在弟侄书案上有暗暗竹影摇来摇去,很像是在运笔书写;砚池中像是翻动着野泉的声浪,淙淙泉声和霍霍的磨墨声和谐共鸣,令墨香雅趣更浓。通过视听结合的手法衬托出其弟侄伏案苦读、勤勉求学的形象。

书院

南宋 刘过

力学如力耕⑭,勤惰尔⑮自知。
但使书种⑯多,会有岁稔⑰时。

【注释】

①更:古时夜间计算时间的单位,一夜分五更,每更为两小时。午夜11点到1点为三更。

②五更鸡：天快亮时，鸡啼叫。

③黑发：年少时期，指少年。

④白首：头发白了，这里指老年。

⑤方：才。

⑥何事：为什么。

⑦居穷道不穷：处于穷困之境仍要注重修养。

⑧乱时：战争时期。

⑨家山：家乡的山，这里代指故乡。

⑩干戈：干和戈本是古代的两种武器，这里代指战争。

⑪礼乐：这里指儒家思想。礼，礼仪制度、道德规范和传统习惯的统称。乐，音乐，儒家很重视音乐的教化作用。

⑫案：几案，长方形矮桌。

⑬惰：怠惰，懒惰。

⑭力耕：努力耕作。

⑮尔：你（们）。

⑯书种：书的种类。

⑰岁稔（rěn）：年成丰熟。岁，年景，年成。稔，庄稼成熟。

【见微知著】

《劝学》勉励学子们要不惧辛劳，苦中作乐，迎难而上。《题弟侄书堂》表现了诗人对后辈静心勤学的赞赏和欣慰之情。《书院》则告诉了我们"一分耕耘，一分收获"的道理。劝学诗大多强调勤奋、刻苦的读书态度，是因为这些饱读诗书的诗人们，作为学习的"过来人"，相信只有这种积极努力、坚持不懈的态度，才是学有所成的根本保证。禀赋、出身是个人无法左右的，但后天的努力和刻苦却是人人都可以做到的。每个人都有可能通过努力而获得进步，实现理想。

【叩门引路】同样是学习,有的人能孜孜不倦,勤奋努力;有的人却懒散懈怠,不思进取。这是为什么呢?明代著名的思想家、教育家王守仁(又称王阳明),自小就勤奋好学,博览群书。据说,结婚那天他甚至抛下新娘向别人求教。成为一代大儒后,他又广收弟子,桃李满天下。他对勤学有着怎样的理解?

勤学

明 王守仁

已立志为君子,自当从事于学。凡学之不勤,必其志之尚未笃也。从吾游者,不以聪慧警捷为高,而以勤确①谦抑为上。诸生试观侪辈②之中,苟有虚而为盈,无而为有,讳己之不能,忌人之有善,自矜③自是,大言欺人者,使其人资禀虽甚超迈,侪辈之中,有弗疾恶之者乎?有弗鄙贱之者乎?彼固将以欺人,人果遂为所欺,有弗窃笑之者乎?苟有谦默自持,无能自处④,笃志力行,勤学好问,称人之善,而咎己之失,从人之长,而明己之短,忠信乐易⑤,表里一致者,使其人资禀虽甚鲁钝,侪辈之中,有弗称慕之者乎?彼固

> **以恒:** 作者采用正反对比的方式,使用"苟有……有……乎"的句式列举了两类人在学习上的不同态度和表现,用五个反问句引起读者反思,否定了学习中自以为是的浮夸态度,肯定了意志坚定、谦虚努力、善于反思的勤学品质。

以无能自处，而不求上人，人果遂以彼为无能，有弗敬尚之者乎？诸生观此，亦可以知所从事于学矣。

【注释】

①确：坚实。

②侪（chái）辈：同辈。

③矜（jīn）：夸耀。

④无能自处：以没有能力的态度自处。

⑤乐易：愉快和蔼而又平易近人。

【见微知著】

王守仁通过对比和反诘让我们认识到"勤"在学习中的重要性。在他看来，学习中，智力不是关键，态度才最重要。勤奋的本质，究其根本是一种执着不懈的态度。一个人要端正学习态度，做到努力勤奋，在思想上要坚定志向，在行为上要踏实专注，在为人上要谦和朴实。每一位付出不懈努力的人，都值得被尊重。

【叩门引路】 刻苦勤奋的人总是能给别人留下深刻印象。著名作家茅盾在这篇选文中记录了在抗日战争中人们偶然相遇的一位华侨青年,他在国家危难之际回国报效,在艰苦的战争环境下仍然从容不迫地勤奋学习。有这样优秀的儿女,中华民族的抗战能不取得胜利吗?如果我们继承发扬这种精神,中华民族伟大复兴还会远吗?

不能忘记的一面之识(节选)

现当代 茅盾

他们第一次感觉到有这么一位年轻人和他们在一起,是在天方破晓,山坡的小松林里勉强能够辨清人们面目的时候。朝霞掩蔽了周围的景物,人们只晓得自己是在一座小小的森林中,而这森林是在山的半腰。

昨夜他们仓皇奔上这小山,只知道是到一个比较安全的地方。现在,他们在晓风中打着寒噤,睁大了眼发愣,可突然发觉在他们周围,远远近近,有比他们多一倍的武装人员,不用说,昨夜是在森严警戒中糊里糊涂地睡了一觉。

不安的心情正在滋长,一位年轻人,肩头挂一支长枪,胸前吊颗手榴弹,手提着一支左轮,走近他们来了。他操着生硬的国语,告诉他们:已经派人下去察看情形了,一会儿就能回来,那时就可以决定行动了。

"敌人在什么地方?"他们之中的G君问。

年轻人好像不曾听懂这句话,但是不,也许他听懂,他侧着头想了想,好像一个在异国的旅客临时翻检他的"普通会话手册",要找一句他一时忘记了的"外国话";终于他找到了,长睫毛一闪,忽然比较流利地答道:"等等就知道了。"

如果说是这句话的效力,倒不如说那是他的从容不迫的态度给人家一服定心剂。然而人心总是无厌的。眼前既然有这么一位"语言相通"的人,怎么肯放过他?问题便像榴霰弹似的纷纷掷到他头上。

但是年轻人不忙不慌地静听着,闪动着他的长睫毛。末了,他这才回答,还是那一句:"等等就知道了。"这一句话,现在可没有刚才那样的效力了。因为提出的问题太多又太复杂,这一句回答不能概括。人们内心的不安,开始又在滋长。

> **以恒:**
> 虽然中文不好,但是这个年轻人依然主动过来告诉大家消息,这是因为他知道大家内心的焦急,想给大家以安慰。他善解人意又不慌不忙的回答和大家躁动不安的追问形成鲜明对比。

> **以重:** 这种对比凸显了这个年轻人细心温和、从容不迫的性格。

幸而,这所谓"等等",不久就告终,"就知道"的事情也算逐一都知道了。敌人果然离这小小村落远些了,他们可以下山去,到屋里一歇了。

因为整夜不曾好生睡觉,他们首先被引进一间房去"休息"一会儿,这房本来也有人住,但此时却空着。

吃饭的时候,招待他们的两位东道主告诉他们:今晚还得走夜路,不远,可也有三十多里,因此,白天可以畅快地睡个好觉。

他们再回那间房去,刚到门口,可就愣住了。

因为是从光线较强的地方来的，他们一时之间也看不清楚，但觉得房里闹哄哄挤满了人，嘈杂的说笑，他们全不懂。然而随即也就悟到，这是这间房的老主人们回来了，是放哨或是"摸敌人"回来了。

渐渐地看明白，闹哄哄的七八人原来是在解下那些挂满了一身的劳什子：子弹带、面巾、马口铁杯子、手榴弹等等。看着那几位新客带笑带说，好像是表示抱歉，然后一个一个又出去了，步枪却随身带起。

房里又寂静了，他们几位新客呆了半晌，觉得十二分的过意不去。他们都走到那伟大的板铺前，正打算各就"岗位"，这才看见房里原来还有一个人，他坐在那窗洞下，低着头，在读一本书。

看见他是那么专心致志，他们都不敢作声。

一会儿，他却抬起头来了，呀，原来就是早晨在山上见过的那位年轻人。

只记得他是多少懂得点国语的，他们之中的C君就和他招呼，觉得分外亲切，并且对于占住了房间的事，表示歉意。

年轻人闪动着长睫毛，笑了一笑。可是他并不开口，凝眸望了他们一眼，收拾起书笔，站起身来打算走。

"不要紧，你就留在这里，不妨碍我们的，况且我们也不想睡。"C君很诚恳地留他。

他可有点惘然了，似乎还有多少意思要倾吐，然而一时找不到字句。这当儿C君看见他手里那本很厚的书就是他们一个朋友所写的《论民族民主革命》，一本高级的理论书，不禁大感兴趣，就问他道："你们在研究这本书么？"

他的长睫毛一敛，轻声答道："深得很，看不懂。"忽然他那颇为白皙的脸红了一下，羞怯怯地又加一句："没有人教。"

"学习小组上用什么书？不是这一本么？"

"不是。"年轻人的长睫毛一动，垂眼看着手里那本书，又叹气似的说，"好深呵，好多地方不懂。"

这叹息声中，正燃烧着火焰一样的知识欲；这叹息声中，反响着理论学习的意志的坚决，而不是灰心失望。他们都深深感动了。C君于是问道：

"你是哪里人？"

"新加坡。"

"什么学校？"

"我是做工的。"年轻人回答，长睫毛又闪动一下。

从他的不大完全的答语中，他们知道了他生长在新加坡，念过一年多的小学，后来就做机器工人，抗战以后回祖国投效，到这里也一年多了。

"你怎么到了这里的？"有人冒昧地问。

年轻人又有点惘然了。他笑了笑，低垂着长睫毛，又回到原来的话题，叹息着说："知识不够，时间——时间也不够呀。"

> **小业：**
> 作者多次写年轻人与人交流时的反应与神态，虽然笔墨不多，但都会提到他的"长睫毛"，有时是"闪动"，有时"一动"，有时"低垂"……我打算给这个年轻人画一组表情包，你能通过作者对他长睫毛的描写推测出他的心理，想象出他的神情，给我点参考吗？

于是把那本厚书塞进衣袋，他说："我还有事，等等，时间到了，会来叫你们。"便转身走了。

房里又沉静了。他们都躺在松板上，然而没睡意，那年轻人的身世，性格——虽然只从这短促的会晤中窥见了极少的一部分，可是给他们无限兴奋。

态度沉着，一对聪明而又好作深思的眼睛，说话带点羞涩的表情——这样一个年轻人，这样一个投身于艰苦的战斗生活的年轻人，仿佛在他身上就能看出中华民族的最优秀的儿女们的面影。

勤业

【见微知著】茅盾借助战时环境的烘托和一面之识的印象勾勒出从容不迫的青年战士形象，通过闪动的长睫毛、羞涩的表情等细节，描摹出这个年轻人腼腆内向的性格特征，围绕关于阅读理论著作的对话描写，表现了他追求进步的精神状态。在校学习经验匮乏、战争环境恶劣艰苦，都没有阻止这个年轻人的勤学善思。而今战火纷飞的年代早已过去，我们生活在山河日新、国力日强的太平盛世中。生于盛世当不负盛世，让我们接过青年人的精神火炬，勤学本领，为祖国描画美好蓝图！

【叩门引路】 朦胧派代表诗人梁小斌回忆在农村打谷场上看守稻谷的知青生涯时,提到农村的田园自然对他来说就是一片"广阔天地"。正是在这片"广阔天地"的历练,塑造了他的性格品质,丰富了他的生命体验,引发了他的生活哲思,成了他不竭的创作源泉……

端详

当代 梁小斌

在那忘我耕耘
被我虔诚地摆放田埂上的
那只黑色陶罐
陶罐内含
稀粥如影
南瓜方正如印

以重:
我觉得"稀粥如影,南瓜方正如印"两句诗是"谁知盘中餐,粒粒皆辛苦"的另一种表达。

敬敬老师:
说得很好!盖上印章往往代表对一件事物的郑重认可。把南瓜比作印章,是诗人对劳动成果的尊重和对辛勤劳作的致敬;即使只是"稀粥",也印刻着人们认真生活的态度。

眼中最美的身影

还有荷叶
摆放几把黄豆
喂养亲爱的耕牛
我和耕牛共同商定
泥腿蹚过水田数遍之后
就可享用
各自的早餐

只要早餐在那里
我和耕牛看上去是在犁田向前
我心里明白
都在围着广阔天地打转

田埂上的那只黑色陶罐，终于
悬挂出一根黑豆角
像活着一样在风中飘摇
那只黑豆角
形状鲜亮
滋味很鲜

但广阔天地的生存原则是：
先劳动
后吃饭

是那忘我耕耘的岁月
将我锤炼
从此我变成一位

端详着咸味

就能喝下稀饭的人

敬敬老师： 这里的"咸味"代表着什么？

以恒： 它是汗水的味道，代表着辛勤的劳作。

以重：
它也是最简单、最不可或缺的味道，我认为它在这里代表着勤劳朴实的生活态度。

读者留言：

眼中最美的身影

【见微知著】

这首诗聚焦于耕耘的场景,"我"和耕牛通过"忘我的耕耘",换来简单的食物和踏实的生活。诗中的黑色陶罐、耕牛、稀粥、南瓜、黄豆、黑豆角等诸多意象,围绕"耕耘"这个动作组合成意象群,营造出淳朴自然、意味深长的意境。梁小斌追求"带有咸味的诗歌"。在一次访谈中,他说:"文学的最抽象的表达、最精炼的表达,就像大海里面的水全部蒸馏掉了,留下的盐就是哲学。"他以日复一日地笔耕不辍证明了自己对诗歌创作的追求。不论是诗中传递的生活哲思,还是作者本人的创作实践,都在向我们传达这样一个道理:勤勤恳恳的劳动才能换来踏实安心的生活。

勤业

【叩门引路】作为与老舍、汪曾祺齐名的"语言艺术大师","山药蛋派"作家赵树理以塑造"地地道道的中国农民形象"闻名于世。在乡土文学的创作中,他以老百姓听得懂的话书写老百姓关心的话题,反映农村变革中各种现实问题,用文学服务社会现实,在作品中解决实际问题;而这种真正站在人民的立场去思考和写作,想为人民解决问题的现实忧患意识,也成了他文学创作的活力。从某种意义上来说,心系群众、艰苦奋斗的焦裕禄即是作者在剧本中的自我投射。

焦裕禄(节选)

现当代 赵树理

第二场

时　间　数日后

地　点　张书记办公室

布　景　一桌二椅(摆法由导演定之)

人　物　焦裕禄、张书记

〔幕启:二道幕前焦裕禄上。暂定"西皮原板"过门上。

焦裕禄　(唱)天边月早被那沙尘笼罩,(原板)

地上人早睡得静静悄悄。

为只为治风沙盐碱内涝,

月光下把情况详细解剖。

这几天在乡下(转"二行")见事不少,

见群众苦挣扎勇敢勤劳。

　　　　　　抗灾中有许多发明创造，
　　　　　　综起来就都是成事的根苗。（抬头看）
　　　　　　见老张房子里灯光外照，
　　　　　　为此事我何不找他聊聊。
　　　　　　焦裕禄（截开）趁月光（拖开）步至甬道！（下）
　　　〔二幕开，张在座，又转原板。

张书记　　（接唱）为兰考遭灾难叫人心焦。
　　　　　　救济车如流水赶不上需要。
　　　　　　逃难的挤满路东奔西跑。
　　　　　　有一些干部们要求外调，
　　　　　　还有些虽不走情绪不高。
　　　　　　看不出这局面（转"二行"）何日是了，
　　　　　　这一副千斤担怎样来挑。
　　　　　　上级党为加强县委领导，
　　　　　　前几日又派来一位老焦。
　　　　　　我找他他已经下乡去了，
　　　　　　且等他转回来再把他邀。（转"摇板"）
　　　　　　心有事睡不着翻看材料，
　　　（焦上打门）
　　　　　　半夜里是何人来把门敲？
　　　（张开门见焦）

张书记　　（握手）老焦，刚想到你，你就回来了。快请进来！
　　　（焦进门，同坐）

张书记　　这几天跑的地方不少了吧？

焦裕禄　　地方大了跑不遍，跑了几个重灾区。

张书记　　老焦，我是个本地人，被灾荒缠得看不着头尾（念"以"）；你是刚来的，一定比我清醒一些。你看咱们这个地方有没有好转的希望?

焦裕禄 我是头一次下来,了解的情况太少,不过还见到一些积极因素。

（张精神略振）我觉得有困难,有办法,还是个大有可为的地方!

张书记 啊!（精神大振）老焦,（伸食指）就这句话,听听也过瘾,在兰考早听不到这句话了呀!（暂不定调）

（唱）兰考县早已被灾难压倒,
　　　许多人提起来常把头摇。
　　　就这句壮胆话也难听到,
　　　听一听它也能给人撑腰。
　　　问老焦你看出什么奥妙?

焦裕禄 （唱）有群众几十万勇敢勤劳,
　　　这些人只要有党的领导,
　　　又何愁兰考县灾难不消!

张书记 （唱）这原则也不是都不知道,
　　　只可恨灾情重火烧眉毛。
　　　论自然是盐碱风沙内涝,
　　　论群众难糊口东奔西逃。
　　　论干部有些人坚持不了,
　　　有利的好条件不占一条。
　　　上级党委我们来做领导,
　　　你看这千斤担怎样来挑?

> **以重：**
> 看!这重重的困难像一副沉重的担子,压在这位新到任的县委书记的双肩上。

焦裕禄　老张同志!

　　　　　（唱）张同志你既然生在兰考，

　　　　　　　　对兰考详细情况早已明了，

　　　　　　　　那许多消极因素被你看到，

　　　　　　　　做一个负责人难免要心焦。

　　　　　　　　须看到好中有坏坏中有好，

　　　　　　　　咱们要一分为二详细解剖：

　　　　　　　　论群众三十六万留多去少，

　　　　　　　　在难中艰苦奋斗勇敢勤劳。

　　　　　　　　为抗灾也有许多发明创造，

　　　　　　　　封沙丘翻碱地排水挖壕。

　　　　　　　　这经验没有把它总结成套，

　　　　　　　　任凭它在各地点点滴滴翻来覆去自长自消。

　　　　　　　　干部们对工作前途渺渺，

　　　　　　　　自不免影响情绪常把头摇。

　　　　　　　　依我看主要问题在于领导，

　　　　　　　　党委的责任心急需提高。

　　　　　　　　党既然让我们领导兰考，

　　　　　　　　那就得把困难全揽全包。

　　　　　　　　好条件要大家积极去找，

　　　　　　　　与群众战天斗地决不辞劳。

　　　　　　　　干部们看到咱领导可靠，

　　　　　　　　那就能听号令不再动摇。

张书记　老焦!

　　　　　（唱）老焦果然有奥妙，

　　　　你的见识比人高。

　　　　怎样动步你可想到？

　　　　何不趁此聊一聊。

焦裕禄　老张呀！

　　（唱）这几天晚上睡不着觉，

　　　　对此事也曾想过好几遭。

　　　　要想叫兰考变面貌，

　　　　领导上改变思想是头一条。

　　　　先把咱负责同志招齐了，

　　　　到难民群里看分晓；

　　　　要能把群众疾苦感觉到，

　　　　再研究千斤担该怎挑。

　　　　回头来再用《毛选》做对照，

　　　　都把那错误根子刨。

　　　　领导思想得改造，

　　　　然后把改造自然当成目标。

　　　　抽调干部分组下乡细查考，

　　　　摸一摸自然灾情根和梢。

　　　　把群众抗灾经验总结成套，

　　　　发动起千万群众大战沙窝逞英豪。

　　　　三五年改掉旧面貌，

　　　　兰考县红旗到处飘。

张书记　老焦！

　　（唱）你讲此话开了我的窍，

　　　　这才是光明路一条！

敬敬老师：

焦裕禄是带着《毛泽东选集》来的，是怀着改变兰考灾区面貌的坚定决心来的。在这个贫农出身的共产党员看来，这里有三十六万勤劳质朴的人民，只要坚定不移地加强党的领导，兰考人民一定能够战胜重重困难，让这片饱经沧桑的土地焕发出新的生机和活力。

眼中最美的身影

焦裕禄　（唱）就此告辞不打扰，

　　　　（张送焦出门）

合　　　（唱）到明天咱就试试瞧！

　　　　（张视焦下，回头做关门状）

　　　　（二道幕随张手关）

　　　　　　　　　　　　　　　　　　　　　　（幕落）

【小课堂】什么是舞台说明？

舞台说明又被称为舞台提示，是剧作者根据演出需要，提供给导演和演员的说明性的文字。舞台说明是附件，但又是必不可少的。它要求用简练、明确的语言，恰如其分地为交代环境、刻画人物和推进剧情服务。按内容和作用的不同，它可分为四种形式：人物说明，舞台场面说明，人物语言说明，唱腔、板式说明。本文中的"西皮原板""摇板"等即为板式说明。舞台说明具体包括剧中人物表，剧情发生的时间、地点、服装、道具、布景，以及人物的表情、动作、上下场等。

【见微知著】

作为下派干部,焦裕禄义不容辞,率先下乡,进行实地考察,心系兰考"三害"。他的一言一行体现了艰苦奋斗、科学求实、迎难而上、无私奉献的优良品质。兰考县的三十六万群众在长期的抗灾斗争中的"发明创造"也展现了他们勇敢勤劳、坚韧不拔的精神特质。正是因为这种从上到下的艰苦奋斗的精神,才使得兰考县从黄沙遍野变成良田千顷。

眼中最美的身影

【叩门引路】 这是一片众人眼里的荒地,老农民德贵却视若珍宝。但辛勤的付出并没有得到应有的收获。一位老农、一头老牛、一张破犁,三个"老伙伴"经历了一次又一次的颗粒无收,是什么使得他们如此执着坚持?你怎样看待他们的"徒劳"?

长出一地的好荞麦

当代 曹多勇

勤业

这年里,德贵最后一次来种河滩地已是腊月里,这期间,他先后种过一次黄豆,两次绿豆,两次麦子,庄稼还是颗粒无收。这情况,德贵还有岁数更大的犁都没经历过。儿子儿媳说这怪气候叫厄尔尼诺现象,德贵不听这道理,骂天,说这是要绝人啊!

大河湾土地分两种:一种在围堤坝里,淮河水一般淹不掉,是大河湾人赖以生存的保障;另一种地在堤坝外,无遮无拦地紧挨淮河,一年里能收季麦就不错了,秋季天都荒着——这地叫河滩地,也叫荒地。大河湾只德贵一人秋季天还耕种河滩地。

村人说:"德贵,那点河滩地还能结出金豆豆、银豆豆?"

德贵家人也说:"德贵,年年秋季天见你河滩地种呀种呀种,可临了收几次?"

德贵先是不愿搭理话,落后才说:"俺见河滩地长草就像长俺心口窝,痛得夜夜睡不着觉呀!"

河滩地位于村东两里地,德贵出了庄,赶头牛,扛张犁,沿河堤一直往东去,人老,牛老,犁也老。牛老,蹄迈得很迟缓,从远处看还以为牛是站堤坝上不动弹;人老,老在脊梁上,肩上

插画 陈慧琴

挂一张犁，侧斜身显得更佝；犁呢是犁铧小，犁把细，还满身裂出一道一道暗裂纹，像老人手上脸上的皱纹皮。牛前边领，德贵后面跟，牛缰绳牵连他们俩，一副懒懒散散的模样，弄不清是德贵赶牛，还是牛牵德贵。至河滩地头，德贵说一声"吁——"，牛停下蹄，瞪一对大牛眼瞧德贵，德贵下堤坝往河滩地里走，牛也侧转身头低屁股撅，挺住蹄缓下堤坝追德贵。关键时才分出牛还是受人支配着。

德贵没有即刻套牛犁地，他知道牛跟自己还有犁都得歇息喘口气，犁榫眼松，趴德贵肩"吱呀吱呀"一路不停歇地叫，德贵说："犁，俺知道你榫眼咧着嘴，不湿润湿润水，你准散架"。牛嘴也"吧嗒吧嗒"扯黏水吐白沫。德贵说："牛，俺知你嗓子眼冒着火，得去淮河里喝个饱。"于是，德贵、牛和犁三个老货径直朝淮河走去，牛饮水，人喝水，犁干脆丢河里，德贵喝几口水站起身，骂犁："你个老货还真能憋气呢！"骂牛："你个吃草的家伙能站俺上游饮水？"

淮河水这会儿还温温顺顺躺河床里，波浪一叠压一叠有条不紊地浪过来又浪过来。德贵、牛，还有那只淹没水里的犁构成一幅温馨的田园画，但德贵却在这宁静貌似温顺的淮河水里瞧看出洪水泛滥的迹象，这迹象是几缕浑浊的泥丝，曲曲折折隐河边的水里摇曳流过，这几缕浑浊的泥丝就是上游山水下来的前兆，就像暴风雨过来之前的一阵凉风。

牛饮饱水抬起头，润湿的嘴像涂抹油似的又黑又亮。德贵问牛："你说俺们这地犁还是不犁？"牛两眼盯着水面瞧着什么，又似乎什么也没瞧。德贵又问犁："你说俺们这地犁还是不犁？"德贵问犁没见犁，这才弯腰伸手捞出犁，犁全身吃透水，多余的水"滴答滴答"往河面滴。这清脆的水滴声像是回答德贵的问话。德贵说："还是犁说得对，不能害怕涨水淹河滩地，俺们就不种河滩地。"

> **小业：** 德贵为什么不搭理家人和村里人的质疑，却跟牛和犁唠叨个不停？

> **以恒：** 因为他从家人和村里人那里得不到理解，他认为只有这两个"老伙伴"理解自己。

> **以重：** 我觉得德贵看似与牛和犁说话，其实都是在跟自己对话。这样的自问自答，让我们感受到了德贵身上那份孤独而坚定、执着且勤劳的农民本色。

不知怎么的，德贵感觉最通人性的是犁，而不是牛。

这天上午，德贵犁过河滩地；这天下午，德贵耙过河滩地；这天挨傍晚，德贵撒开黄豆种。一天时间，这块河滩地就暄暄腾腾像块饼被德贵精心制作好，摆放在淮河边上。

然而，还没等德贵的锄伸进去，淮河的水便涨出来，德贵赤脚跑进黄豆地，眼前那些没顶的豆苗还使劲地举着枝叶在河水里挣扎，德贵站立的地方原本还是一处干地，河水舔舔地漫过脚面，德贵往后退，骂河水说："俺是一棵会挪动的庄稼，你们想淹也淹不住。"

就这么河水淹过种，种过淹，德贵从夏日里一口气赶进腊月天。

腊月里天寒地冻，德贵这回出村没牵牛，没扯犁，只扛一把大扫帚，河滩地经河水反复浸泡几个月，晃晃荡荡地如铺展一地的嫩豆腐。这样的地是下不去牛、伸不开犁的。德贵扛的大扫帚是牛也是犁，他脱下鞋"咔嚓"踩碎表层的薄冰走进去，冰泥一下没过小腿肚，德贵挨排排拍碎冰，而后才能撒上种。

这一次撒的是荞麦，腊月天，只能种荞麦。

德贵毕竟是上岁数的人，又加两腿淤进冰泥里，那些刺骨的寒气也就洪水般一浪一浪往心口窝那里涌。德贵仍不罢手，不急不躁，拍一截冰泥地，撒一截种子，而后再把荞麦种拍进泥水里。德贵知道停下手这些拍碎的冰泥又会凝结起来，德贵还知道荞麦种在这样的冰泥里是长不出芽的，即使长出芽，也会被冻死，但德贵仍是一点一点地种。

这天，德贵回家烧两碗姜茶喝下肚，便躺床上睡起来，梦里的河滩地绿油油长满一地的好荞麦，长呀长呀一个劲地往上长。

勤业

敬敬老师：

明知"徒劳无功"也要坚持耕种，是什么使德贵屡败屡战？

读者留言：

【见微知著】 曹多勇以简单的情节、质朴的语言塑造了德贵这样一位老农民形象,让我们感受到他的吃苦耐劳和坚韧不拔,而这正是"勤业"精神在农者身上的体现。对于德贵来说,劳动已经内化成了一种本能,成为人类面对自然灾害的一种抗争。虽然明知道又会徒劳一场,他却仍然坚定了继续耕种的决心。尽管一次次付出换来的可能都是颗粒无收,但这种不畏失败、坚持不懈的抗争精神本身就是财富。人生在勤,但问耕耘,莫问收获。

【大河论坛】

"民生在勤,勤则不匮",劳动是财富的源泉,也是幸福的源泉。"夙兴夜寐,洒扫庭内",热爱劳动是中华民族的优秀传统,绵延至今。可是现实生活中,也有一些同学不理解劳动,不愿意劳动。有的说:"我们学习这么忙,劳动太占时间了!"有的说:"科技进步这么快,劳动的事,以后可以交给人工智能啊!"也有的说:"劳动这么苦,这么累,干吗非得自己干?花点钱让别人去做好了!"此外,我们身边还有着一些不尊重劳动的现象。这引起了人们的深思,你对此有何看法?

互动留言区:

小业:
热爱劳动是中华民族的优秀传统,"劳动光荣"的信念要深深地植入我们每一个中华儿女的血脉!我们正值风华正茂之时,要将劳动看作锤炼品格、通向成功的必经之路,主动参加劳动,去感受劳动的酸甜苦辣。

以重:
正所谓:"一粥一饭,当思来之不易;半丝半缕,恒念物力维艰。"唯有如此,才能对劳动者心存敬意,对他人的劳动成果怀有感恩!

以恒：

人工智能时代，科技进步飞速，确实给人类带来了很多便利，将我们从很多繁重的"苦活""累活"中解放出来，但这并不意味着我们不需要劳动了。

勤勤：

技术的变革也是无数的科研人员用劳动换取的，高科技产品的生产则由很多一线员工的劳动心血汇聚凝结。新的时代，我们应当有新的劳动姿态，脚踏实地，积极进取，在劳动中实现自我价值和人生意义。

我说：

【一叶知春】

功崇惟志，业广惟勤。
——《尚书》

民生在勤，勤则不匮。
——《左传》

人生在勤，不索何获？
——东汉·张衡《应闲》

业精于勤，荒于嬉；行成于思，毁于随。
——唐·韩愈《进学解》

身勤则强，逸则病；家勤则兴，懒则衰；国勤则治，怠则乱。
——清·曾国藩

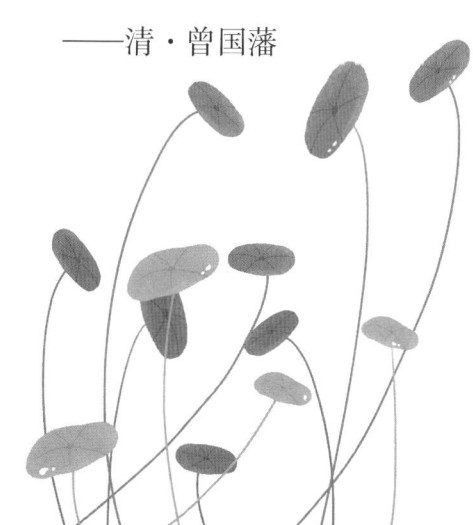

精 业

> 天下大事，必作于细。
> ——《老子》

敬敬老师：《诗经·卫风·淇奥》中有这样一句话："如切如磋，如琢如磨。"意思是似象牙经过切磋，如美玉经过琢磨，后引申为学问上的研究、探讨。朱熹借用这个典故，在《论语集注》中说："治玉石者，既琢之而复磨之；治之已精，而益求其精也。"意指在优秀的基础上追求卓越。同学们，谈到追求卓越，精益求精，你们能想到哪些例子呢？可以结合读过的文章、报道以及身边的人和事来谈一谈。

小业：我想起学过的《核舟记》，微雕艺人王叔远的雕刻手艺堪称精绝，他在桃核上雕刻的是苏东坡乘小船游览赤壁的情形，令我印象深刻。

以恒：我想到了作家冯骥才笔下的"泥人张"，他捏泥人的技艺出神入化。

以重："泥人张"的手艺不是天生的，靠的是后天的钻研。他常去看戏台上的各种角色，观察身边的各种人物，并将人物的特点熟记于心。

敬敬老师：有句话可以概括你说的意思，奇人技艺非天生，精技以"钻"为要。

这些手艺人通常都得沉下心来钻研自己的技艺，一干就是一辈子。

小业

除了手艺人，我们国家还有很多行业的领军人物，常常是择一事，终一生。翻译家许渊冲坚持从事文学翻译60余年，被誉为"诗译英法唯一人"；著名肝胆外科专家、中国科学院院士吴孟超凭借精湛的医术为无数肝胆病患者解除病痛，90岁高龄仍然站在手术台上；"壁画医生"李云鹤60余载潜心修复，86岁耕耘不歇，一生修复壁画达4000余平方米，耄耋之年依然穿着蓝色工作服，穿行在洞窟之间。

以恒

精业

听了大家的发言，老师备受启发。"精业"不仅要像王叔远和"泥人张"一样精雕细琢、精益求精，还要像许渊冲、吴孟超和李云鹤一样坚守初心、始终如一。"精业"不仅要追求技艺的提升，更要追求道德的完善；"道技合一"的工匠精神才是我们的追求！

敬敬老师

【叩门引路】

2015年3月，一桩文物被窃案轰动了世界。盗贼闯入法国枫丹白露宫中国馆，仅用了短短几分钟，便盗走了包括清乾隆时期铜胎掐丝珐琅麒麟在内的十余件珍贵藏品。被掠夺文物的流失让人不胜唏嘘，同时也让曾经是帝王专属的铜胎掐丝珐琅工艺品——景泰蓝，走进了大众视野。

"铜胎掐丝珐琅"是一种工艺繁复而精巧的中国传统手工艺品，因最先在明朝景泰年间盛行，加上当时作品大多使用蓝色珐琅釉，故得名"景泰蓝"。现在，让我们跟着叶圣陶先生去感受这美丽的创造过程吧！

景泰蓝的制作

现当代 叶圣陶

一天下午，我们去参观北京市手工业公司实验工厂，粗略地看了景泰蓝的制作过程。景泰蓝是多数人喜爱的手工艺品，现在把它的制作过程说一说。

景泰蓝拿红铜做胎，为的红铜富于延展性，容易把它打成预先设计的形式，要接合的地方又容易接合。一个圆盘子是一张红铜片打成的，把红铜片放在铁砧上尽打尽打，盘底就洼了下去。一个比较大的花瓶的胎分作几截，大概瓶口、瓶颈的部分一截，瓶腹鼓出的部分一截，瓶腹以下又是一截。每一截原来都是一张红铜片。把红铜片圈起来，两边重叠，用铁锤尽打，两边就接合起来了。要圆筒的哪一部分扩大，就打哪一部分，直到符合设计的意图为止。于是让三截接合起来,成为整个的花瓶。瓶底可以焊上去,也可以把瓶腹以下的一截打成盘子的形状,那就有了底,不用另外焊了。瓶底下面的座子,瓶口上的宽边,全是焊上去的。至于方形或是长方形的东西,像果盒、烟卷盒之类,盒身和盖子都用一张红铜片折成,只要把该接合的转角接合一下就是,也不用细说了。

制胎的工作其实就是铜器作的工作,各处城市大都有这种铜器作,重庆还有一条街叫打铜街。不过铜器作打成一件器物就完事,在景泰蓝的作场里,这只是个开头,还有好多繁复的工作在后头呢。

第二步工作叫掐丝,就是拿扁铜丝(横断面是长方形的)粘在铜胎表面上。这是一种非常精细的工作。掐丝工人心里有谱,不用在铜胎上打稿,就能自由自在地粘成图画。譬如粘一棵柳树吧,干和枝的每条线条该多长,该怎么弯曲,他们能把铜丝恰如其分地剪好曲好,然后用钳子夹着,在极稠的白芨浆里蘸一下,粘到铜胎上去。柳树的每个枝子上长着好些叶子,每片叶子两笔,像一个左括号和一个右括号,那太细小了,可是他们也要细磨细琢地粘上去。他们简直是在刺绣,不过是绣在铜胎上而不是绣在缎子上,用的是铜丝而不是丝线、绒线。

以恒: 一棵柳树的掐丝尚且如此复杂,更何况其他的图画呢?

他们能自由地在铜胎上粘成山水、花鸟、人物种种图画,当然也能按照美术家的设计图样工作。反正他们对于铜丝好像画家对于笔下的线条,可以随意驱遣,到处合适。美术家和掐丝工人的合作,使景泰蓝器物推陈出新,博得多方面人士的爱好。

粘在铜胎上的图画全是线条画,而且一般是繁笔,没有疏疏朗朗只用少数几笔的。这里头有道理可说。景泰蓝要涂上色料,铜丝粘在上面，涂色料就有了界限。譬如柳条上的每片叶子由两条铜丝构成，绿色料就可以填在两条铜丝中间，不至于溢出来。其次，景泰蓝内里是铜胎，表面是涂上的色料，铜胎和色料，膨胀率不相同。要是色料的面积占得宽，烧过以后冷却的时候就会裂。还有，一件器物的表面要经过几道打磨的手续，打磨的时候着力重，容易使色料剥落。现在在表面粘上繁笔的铜丝图画，实际上就是把表面分成无数小块，小块面积小，无论热胀冷缩都比较细微，又比较禁得起外力，因而就不至于破裂、剥落。通常谈文艺有一句话，叫内容决定形式。咱们在这儿套用一下，是制作方法和物理决定了景泰蓝掐丝的形式。咱们看见有些景泰蓝上画的图案画，在图案画以外，或是红地，或是蓝地，只要占的面积相当宽，那里就嵌几条曲成图案形的铜丝。为什么一色中间还要嵌铜丝呢？无非使较宽的表面分成小块罢了。

粘满了铜丝的铜胎是一件值得惊奇的东西。且不说自在画怎么生动美妙，图案画怎么工整细致，单想想那么多密密麻麻的铜丝没有一条不是专心一志粘上去的，粘上去以前还得费尽心思把它曲成最适当的笔画，那是多么大的工夫！一个二尺半高的花瓶，掐丝就要花四五十个工。咱们的手工艺品往往费大工夫，刺绣，缂丝，象牙雕刻，全都在细密上显能耐。掐丝跟这些工作比起来，可以说不相上下，半斤八两。

刚才说铜丝是蘸了白芨浆粘在铜胎上的，白芨浆虽然稠，却经不住烧，用火一烧就成了灰，铜丝就全都落下来了，所以还得焊。先在粘满了铜丝的铜胎上喷水，然后拿银粉、铜粉、硼砂三种东西拌和，均匀地筛在上边，放到火里一烧，白芨浆成了灰，铜丝就牢牢地焊在铜胎上了。

随后就是放到稀硫酸里煮一下，再用清水洗。洗过以后，表面的氧化物和其他脏东西都去掉了，涂上的色料才可以紧贴着红铜，制成品才可以结实。

于是轮到涂色料的工作了，他们管这个工作叫点蓝。涂上的色料有好些种，不只是一种蓝色料，为什么单叫点蓝呢？原来这种制作方法开头的时候多用蓝色料，当时叫点蓝，就此叫开了（我们苏州管银器上涂色料叫发蓝，大概是同样的理由）。这种制品从明朝景泰年间（15世纪中叶）开始流行，因而总名叫景泰蓝。

用的色料就是制颜色玻璃的原料，跟涂在瓷器表面的釉料相类。我们在作场里看见的是一块块不整齐的硬片，从山东博山运来的。这里头基本质料是硼砂、硝石和碱，因所含的金属矿质不同，颜色也就各异。大概含铁的作褐色，含铀的作黄色，含铬的作绿色，含锌的作白色，含铜的作蓝色，含金含硒的作红色……

他们把那些硬片放在铁臼里捣碎研细，筛成细末应用。细末里头不免掺和着铁臼上磨下来的铁屑，他们利用吸铁石除掉它。要是吸得不干净，就会影响制成品的光彩。看来研磨色料的方法得讲求改良。

各种色料的细末都盛在碟子里，和着水，像画家的画桌上一样，五颜六色的碟子一大堆。点蓝工人用挖耳似的家伙舀着色料，填到铜丝界成的各种形式的小格子里。大概是熟极了的缘故，不用看什么图样，自然知道哪个格子里该填哪种色料。湿的色料填在格子里，比铜丝高一些。整个表面填满了，等它干燥以后，就拿去烧。一烧就低了下去，于是再填，原来红色的地方还是填红色料，原来绿色的地方还是填绿色料。要填到第三回，烧过以后，色料才跟铜丝差不多高低。

现在该说烧的工作了。涂色料的工作既然叫点蓝，不用说，烧的工作当然叫烧蓝。一个烧得挺旺的炉子，燃料用煤，炉膛比较深，周围不至于碰着等着烧的铜胎。烧蓝工人把涂好色料的铜胎放在铁架子上，拿着铁架子的弯柄，小心地把它送到炉膛里去。

只要几分钟工夫，提起铁架子来，就看见铜胎全体通红，红得发亮，像烧得正旺的煤。可是不大工夫红亮就退了，涂上的色料渐渐显出它的本色，红是红绿是绿的。

涂了三回烧了三回以后，就是打磨的工作了。先用金刚砂石水磨，目的在使成品的表面平整。所谓平整，一是铜丝跟涂上的色料一样高低，二是色料本身也不许有一点儿高高洼洼。磨过以后又烧一回，再用磨刀石水磨。最后用椴木炭水磨，目的在使成品的表面光润。椴木木质匀净，用它的炭来水磨，成品的表面不起丝毫纹路，越磨越显得鲜明光滑。旁的木炭都不成。

椴木炭磨过，看来晶莹灿烂，没有一点儿缺憾，成一件精制品了，可是全部工作还没完，还得镀金。金镀在全部铜丝上，方法用电镀。镀了金，铜丝就不会生锈了。

全部工作是手工，只有待打磨的成品套在转轮上，转轮由马达带动的皮带转动，算是借一点儿机械力。可是拿着蘸水的木炭、磨刀石挨着转动的成品，跟它摩擦，还得靠打磨工人的两只手。起瓜楞（léng，同"棱"）的花瓶就不能套在转轮上打磨，因为表面有高有低，洼下去的地方磨不着。那非纯用手工打磨不可。

【见微知著】 文章自始至终扣住"手工操作"的特点,不论是介绍工序,还是在开头结尾,都不忘突出这一特点。制胎是"打",掐丝是"粘",点蓝是"填",烧蓝是"烧",打磨是"磨",镀金是"镀"。文章开头点明景泰蓝是"手工艺品",结尾一再强调"全部工作是手工"。从中我们真切体会到了手工艺人在劳动创造中的辛勤付出和聪明才智,以及老一辈人的匠心和技艺的传承。劳动者的匠心和创新使景泰蓝制作工艺不断发展,现在的景泰蓝制作工艺在继承传统技艺的基础上又取得了新的突破与发展。非遗匠心,历久弥新。

精业

【叩门引路】 报告文学《哥德巴赫猜想》将中国科学院数学所研究员陈景润带到了全国人民面前，热情讴歌了陈景润在攀登科学高峰中的勤奋坚韧和顽强奋斗的精神。陈景润对解决哥德巴赫猜想这一世界著名数学难题作出了卓越贡献，为摘取这颗数论皇冠上的明珠付出了艰辛的努力。

哥德巴赫猜想（节选）

现当代 徐迟

要想懂得哥德巴赫猜想是怎么一回事，只需把早先在小学三年级里就学到过的数学再来温习一下。那些1、2、3、4、5，个十百千万的数字，叫做正整数。那些可以被2整除的数，叫做偶数。剩下的那些数，叫做奇数。还有一种数，如2、3、5、7、11、13等等，只能被1和它本数，而不能被别的整数整除的，叫做素数。除了1和它本数以外，还能被别的整数整除的，这种数如4、6、8、9、10、12等等就叫做合数。一个整数，如能被一个素数所整除，这个素数就叫做这个整数的素因子。如6，就有2和3两个素因子。如30，就有2、3和5三个素因子。好了，这暂时也就够用了。

一七四二年，哥德巴赫写信给欧拉时，提出了：每个不小于6的偶数都是二个素数之和。例如，6 = 3+3。又如，24 = 11+13等等。有人对一个一个的偶数都进行了这样的验算，一直验算到了三亿三千万之数，都表明这是对的。但是更大的数目，更大更大的数目呢？猜想起来也该是对的。猜想应当证明。要证明它却很难很难。

整个十八世纪没有人能证明它。

整个十九世纪也没有能证明它。

到了二十世纪的二十年代，问题才开始有了点儿进展。

很早以前，人们就想证明，每一个大偶数是二个"素因子不太多的"数之和。他们想这样子来设置包围圈，想由此来逐步、逐步证明哥德巴赫这个命题一个素数加一个素数（1+1）是正确的。

一九二〇年，挪威数学家布朗，用一种古老的筛法（这是研究数论的一种方法）证明了：每一个大偶数是二个"素因子都不超九个的"数之和。布朗证明了：九个素因子之积加九个素因子之积（9+9），是正确的。这是用了筛法取得的成果。但这样的包围圈还很大，要逐步缩小之。果然，包围圈逐步地缩小了。

一九六二年，我国数学家、山东大学讲师潘承洞证明了（1+5），前进了一步；同年，王元、潘承洞又证明了（1+4）。一九六五年，布赫斯塔勃、维诺格拉多夫和数学家庞皮艾黎都证明了（1+3）。

一九六六年五月，一颗璀璨的讯号弹升上了数学的天空，陈景润在中国科学院的刊物《科学通报》第十七期上宣布他已经证明了（1+2）。

自从陈景润被选调到数学研究所以来，他的才智的蓓蕾一朵朵地烂漫开放了。在圆内整点问题、球内整点问题、华林问题、三维除数问题等等之上，他都改进了中外数学家的结果。单是这一些成果，他那贡献就已经很大了。

但当他已具备了充分依据，他就以惊人的顽强毅力，来向哥德巴赫猜想挺进了。他废寝忘食，昼夜不舍，潜心思考，探测精蕴，进行了大量的运算。一心一意地搞数学，搞得他发呆了。有一次，自己撞在树上，还问是谁撞了他？他把全部心智和理性统统奉献给这道难题的解题上了，他为此而付出了很高的代价。他的两眼深深凹陷了。他的面颊带上了肺结核的红晕。喉头炎严重，他咳嗽不停。腹胀、腹痛，难以忍受。有时已人事不知了，却还记挂着数字和符号。他跋涉在数学的崎岖山路，吃力地迈动步伐。在抽象思维的高原，他向陡峭的巉（chán，山势险峻）岩升登，降下又升登！善意的误会飞入了他的眼帘。无知的嘲讽钻进了他的耳道。他不屑一顾；他未予理睬。他没有时间来分辩；他宁可含垢忍辱。餐霜饮雪，走上去一步就是一步！他气喘不已，汗如雨下。时常感到他支持不下去了。但他还是攀登。用四肢，用指爪。真是艰苦卓绝！多少次上去了摔下来。就是铁鞋，也早该踏破了。人们嘲笑他穿的鞋是破了的：硬是通风透气不会得脚气病的一双鞋子。不知多少次发生了可怕的滑坠！几乎粉身碎骨。他无法统计他失败了多少次。他毫不气馁。他总结失败的教训，把失败接起来，焊上去，作登山用的尼龙绳子和金属梯子。吃一堑，长一智。失败一次，前进一步。失败是成功之母；功由失败堆垒而成。他越过了雪线，到达雪峰和现代冰川，更感缺氧的严重了。多少次坚冰封山，多少次雪崩掩埋！他就像那些征服珠穆朗玛峰的英雄登山运动员，爬啊，爬啊，爬啊！而恶毒的诽谤，恶意的污蔑像变天的乌云和九级狂风。然而热情的支持为他拨开云雾，爱护的阳光又温暖了他。他向着目标，不屈不挠；继续前进，继续攀登。战胜了第一台阶的难以登上的峻峭；出现在难上加难的第二台阶绝壁之前。他只知攀登，在千仞深渊之上；他只管攀登，在无限风光之间。一张又一张运算的稿纸，像漫天大雪似的飞舞，铺满了大地。数字、符号、引理、公式、逻辑、推理，积在楼板上，有三尺深。忽然化为膝下群山，雪莲万千。他终于登上了攀登顶峰的必由之路，登上了（1+2）的台阶。

他证明了这个命题，写出了厚达二百多面的长篇论文。

闵嗣鹤老师给他细心地阅读了论文原稿。检查了又检查，核对了又核对。肯定了，他的

小业： 好一位科学高峰的攀登者！

证明是正确的，靠得住的。他给陈景润说，去年人家证明（1+3）是用了大型的、高速的电子计算机，而你证明（1+2）却完全靠你自己运算，难怪论文写得长了。太长了，建议他加以简化。

他当时正修改他的长篇论文。就是在这个当口，突然陈景润被卷入了政治革命的万丈波澜。滚滚而来的巨浪冲击了一切剥削阶级的思想意识。

"文化大革命"开始了。天文地理要审查，物理化学要审查。生物要审查，数学也要审查。陈景润在"无产阶级文化大革命"中受到了最严峻的考验。

陈景润被批判了。

陈景润听着那些厌恶与侮辱他的，唾沫横飞的，听不清楚的言语。他茫然直视。他两眼发黑，看不到什么了。他像发寒热一样颤抖。一阵阵刺痛的怀疑在他脑中旋转。血痕印上他惨白的面颊。一块青一块黑，一种猝发的疾病临到他的身上。他眩晕，他休克，一个倒栽葱，从上空摔到地上。

每天，他们来敲敲门，来查查户口，弄得他心惊肉跳，不得安身。有一次，带来了克丝钳子；存心不让他看书，把他房间里的电灯铰了下来，拿走了还不够，把开关拉线也剪断了。

于是黑暗降临他的心房。

敬敬老师：
这里使用了"双关"的修辞手法。"双关"指利用词的多义或同音，使语句含有本义和双关义两种意思，言在此而意在彼，从而达到意蕴深刻的效果。"黑暗"的本义是形容断电后没有光线的周边环境，它的双关义是什么呢？

以重：

"黑暗"也指陈景润被批判后的绝望心境。这种写法突出了陈景润处境的恶劣，表现了作者对糟蹋人、糟蹋科学做法的愤懑和谴责。

敬敬老师：

说得非常好！文中不止一处用了双关，你们可以试着再找一找，说一说。

激烈的斗争使他无所适从。唯一的心灵安慰从来就是数学。他被藏在一个小书库的深深的角落里看书。他阅读，他演算，他思考。情绪逐步地振作起来。但是健康状况却越加严重了。他从不说；他也不顾。他又投身于工作。白天在图书馆的小书库一角，夜晚在煤油灯底下，他又在攀登，攀登，攀登了，他要找寻一条一步也不错的最近的登山之途，又是最好走的路程。

敬爱的周总理，一直关心着科学院的工作，腾出手来，排除干扰。半个月之前，有一位周大姐被任命为数学研究所的政治部主任。由解析数论、化数数论等学科组成的五学科室，恢复了上下班的制度。还任命了支部书记，是个工农出身的基层老干部，当过第二野战军政治部的政治干事。

到职以后，书记就到处找陈景润。周大姐已经把她所了解的情况告诉他了。但他找不到陈景润。他不在办公室里，办公室里还没有他的办公桌。他已经被人忘记掉了。可是他们会了面，会面在图书馆小书库的一个安静的角上。

刚过国庆，十月的阳光普照。书记还只穿一件衬衣，衰弱的陈景润已经穿上棉袄。

"李书记，谢谢你，"陈景润说，他见人就谢。"很高兴，"

他说了一连串的很高兴。他一见面就感到李书记可亲。"很高兴，李书记，我很高兴，李书记，很高兴。"

李书记问他："下班以后，下午五点半好不好？我到你屋去看看你。"

陈景润想了一想就答应了："好，那好，那我下午就在楼门口等你，要不你会找不到的。"

"不，你不要等我，"李书记说，"怎么会找不到呢？找得到的。完全用不到等的。"

但是陈景润固执地说："我要等你，我在宿舍大楼门口等你。不然你找不到。你找不到我就不好了。"

果然下午他是在宿舍大楼门口等着的。他把李书记等到了，带着他上了三楼，请进了一个小房间。小小房间，只有六平方米大小。这房间还缺了一只角。原来下面二楼是个锅炉房。长方形的大烟囱从他的三楼房间中通过，切去了房间的六分之一。房间是刀把形的。显然它的主人刚刚打扫过清理过这间房了。但还是不太整洁。窗子三格，糊了报纸，糊得很严实。尽管秋天的阳光非常明丽，屋内光线却暗淡得很。纱窗之上，是羊尾巴似的卷起来的窗纱。窗上缠着绳子，关不严。虫子可以飞出飞进。李书记没有想到他住处这样不好。他坐到床上，说："你床上还挺干净！"

【故事汇】

对陈景润房间的这段描写还牵扯到一件趣事。采访中，徐迟很想去陈景润"家"感受他攻坚克难时的环境氛围。但除了李尚杰书记，陈景润不让别人进房间，一再拒绝徐迟。李书记只好耍了个"阴谋诡计"。他先去敲门，以谈点事为由进了屋。徐迟则在过了十分钟后去敲门，只说找李书记有急事，趁主人没反应过来，不容分说地"挤"进了门，才得偿所愿"参观"了陈景润的房间。

插画　陈慧琴

"新买了床单，刚买来的床单。"陈景润说，"你要来看看我。我特地去买了床单，"他指着光亮雪白的兰格子花纹的床单："谢谢你，李书记，我很高兴，很久很久了，没有人来看望……看望过我了。"他说着，声音颤抖起来。这里面带着泪音。霎时间李书记感到他被这声音震撼起来。满腔怒火燃烧。这个党的工作者从来没有这样激动过。不像话，太不像话了！这房间里还没有桌子。六平方米的小屋，竟然空如旷野。一捆捆的稿纸从屋角两只麻袋中探头探脑地露出脸来。只有四叶暖气片的暖气上放着一只饭盒。一堆药瓶，两只暖瓶。连一只矮凳子也没有。怎么还有一只煤油灯？他发现了，原来房间里没有电灯。"怎么？"他问，"没有电灯？"

"不要灯，"他回答，"要灯不好。要灯麻烦。这栋大楼里，用电炉的人家很多。电线负荷太重，常常要检查线路，一家家的都要查到。但是他们从来不查我。我没有灯，也没有电线。要灯不好，要灯添麻烦了。"说着他凄然一笑。

"可是你要做工作。没有灯，你怎么做工作？说是你工作得很好。"

"哪里哪里。我就在煤油灯下工作；那，一样工作。"

"桌子呢？你怎么没有桌子？"

陈景润随手把新床单连同褥子一起翻了起来，露出了床板，指着说。"这不是？这样也就可以工作了。"

李书记皱起了眉头，咬牙切齿了。他心中想着："咭，竟有这样的事！在中关村，在科学院呢！糟蹋人呵，糟蹋科学！被糟蹋成了这个状态。"一边这样想，一边又指着羊尾巴似的窗纱问道："你不用蚊帐？不怕蚊虫咬？"

"晚上不开灯，蚊子不会进来。夏天我尽量不在房间里待着。现在蚊子少了。"

"给你灯,"李书记加重了语气说,"接上线,再给你桌子,书架,好不好?"

"不好不好,不要不要,那不好,我不要,不………不………"

李书记回到机关。他找到了比自己早到了才一个星期的办公室老张主任。主任听他说话后,认为这一切不可能,"瞎说!怎么会没有灯呢?"李书记给他描绘了小房间的寂寞风光。那些身上长刺、头上长角的人把科学院搅得这样!他们立刻找来了电工。电工马上去装灯。灯装上了,开关线也接上了,一拉,灯亮了。陈景润已经俯伏在一张桌子之上,写起来了。

光明回到陈景润的心房。

(他写着,写着)……

(我们不在这里引用他的数学论文了。)

敬敬老师:
作为一个作家,徐迟"强行闯入"陈景润房间情有可原。人会受环境的影响、制约,对典型环境的描写有助于典型人物的形象塑造和刻画。请你结合陈景润的生活环境,说说他有什么样的性格特点。

读者留言:

何等动人的一页又一页!这些是人类思维的花朵。这些是空谷幽兰、高寒杜鹃、老林中的人参、冰山上的雪莲、绝顶上的灵芝、抽象思维的牡丹。这些数学的公式也是一种世界语言。学会这种语言就懂得它了。这里面贯穿着最严密的逻辑和自然辩证法。它是在探索太阳系、银河系、河外系和宇宙的秘密,原子、电子、粒子、层子的奥妙中产生的。但是能升登到这样高深的数学领域去的人,一般地说,并不很多。

且让我们这样稍稍窥视一下彼岸彼土。那里似有美丽多姿的白鹤在飞翔舞蹈。你看那玉羽雪白，雪白得不沾一点尘土；而鹤顶鲜红，而且鹤眼也鲜红的。它踯躅徘徊，一飞千里。还有乐园鸟飞翔，有鸾凤和鸣，姣妙、娟丽，变态无穷。在深邃的数学领域里，既散魂而荡目，迷不知其所之。

小业：
空谷幽兰、高寒杜鹃、老林中的人参……六个比喻读起来朗朗上口，像一首小诗。

勤勤：
作者不仅在写诗，也在画画。他还画出了科学世界里白鹤的舞蹈和乐园鸟的飞翔。

敬敬老师：
作者用诗人的激情、诗化的语言热情讴歌公式、符号中的科学之美。科学不仅是理性的代表，也是美的化身。

【小课堂】什么是报告文学？

报告文学是一种散文体裁，以现实生活中具有典型意义的真人真事为题材，经过适当的艺术加工而成，兼有新闻报道的特点，通讯、速写、特写等也可统称报告文学。著名的报告文学作品有《包身工》（夏衍）、《西行路上左公柳》（徐刚）和《谁是最可爱的人》（魏巍）等。

【见微知著】 研究工作表面上看似不动声色,实则波澜壮阔,惊心动魄。陈景润在艰难环境下所做的艰苦卓绝的努力,以及在征服世界难题上所取得的丰硕成果,带给人们深深的震撼,唤起了人们对科学、知识以及人的价值的尊重。追求纯粹理性之美、科学探索之爱的执着与坚贞,攀登人迹罕至的科学高峰的勇气和毅力,使得科学家成为新时代的英雄。

眼中最美的身影

【叩门引路】雕刻是美好、浪漫的艺术，但如果后面加上"火药"两个字，那就另当别论了。"雕刻火药"是航天事业中一项必不可少的重要工作。火箭发动机固体燃料的尺寸和精度，决定着火箭的飞行轨迹，燃料表面必须按照标准进行精密修整。火药整形迄今仍然是一项世界难题，再精密的机器也无法完全替代人工。火药整形工作危险系数极高，从事这项工作的人往往行走在生死边缘，被称为"火药雕刻师"。由于工作的特殊性，目前我国从事火药雕刻的人员很少，徐立平是他们中的杰出人物。

所有的幸福　都靠奋斗得来

当代　徐立平

0.5毫米有多厚？也许很多人没什么特别概念，但我却很清楚。0.5毫米，这是航天固体发动机药面精度允许的最大误差，而我整形的精度，不超过0.2毫米，还没有两张A4纸厚。

> **勤勤：** 0.5毫米是工作要求，0.2毫米是职业自豪！

> **小业：**
> 为了这0.3毫米，徐立平发明设计了20多种药面整形刀具。由于常年以同样姿势雕刻火药，导致徐立平的身体向一边倾斜，头发也因为火药中毒掉了大半。

我叫徐立平，是一名来自航天一线的普通工人。我从事的工作是对固体发动机药面进行整形及缺陷挖药、修补等，具体来说，就是对装填有高能量推进剂的固体发动机燃料药面进行"微整修"。因为工作过程对精度有着极高的要求和危险性，而被形象地称为"雕刻火药"。

> **敬敬老师**：能让一个人如此殚精竭虑、无私付出的原因是什么？

今年是改革开放四十周年。四十年来，我们国家在各方面都发生了翻天覆地的变化，包括航天在内所创造的一个个奇迹，令世人震撼。这些成绩的取得，与我们每一位劳动者的付出是分不开的，虽然每位劳动者的岗位不同，奋斗的故事不同，但他们身上所体现的精神"内核"却是一致的，我的理解，这"内核"的最大公约数，就是爱国和敬业。

我记得一段我国航天事业奠基者、著名导弹和火箭控制系统专家、中国科学院院士梁思礼说过的话。他说：我在美国有一个好朋友，当年我们都在美国留学，我回国了，他留在了美国。他是波音宇航公司的首席科学家，我曾是航天部的总工程师，他搞的是美国洲际导弹（民兵导弹），我搞的是中国洲际导弹。他的年薪是30万美元（20世纪80年代），我的工资只有他的百分之一。他住在西雅图一个小岛上的高级别墅里，我住在很普通的单元房里。有人曾问我对此有何想法，我的回答是，从中国第一颗原子弹、第一枚导弹、第一颗人造地球卫星到第一艘神舟飞船，我回国后和第一代航天战士一起，白手起家、自力更生，创建起完整坚实的中国航天事业，使中国居于世界航天强国之列。能为此奉献一生，我感到无比的自豪和光荣。

这个故事，我看过很多遍，每一回都是一次精神的触动，一次思想的洗礼。尤其是我出生在一个航天家庭，对这一点的感受更是深刻。我的父母都是老一辈的航天人，在他们那个年代，国家一声号召，他们就义无反顾地放弃都市的便捷生活，来到人烟稀少的地方建设航天"大三线"。创业之初的条件艰苦自不必说，他们曾经过着喝黄泥水、住土坯房的艰苦生活，他们甚至为了一块肉应该给辛苦劳作的一线工人，还是给殚精竭虑的技术干部吃而推来让去。他们为了第一发产品早日成功，在老乡的磨面机下进行粉碎、在筛米的筛子里进行过筛，更曾带着好工友壮烈牺牲的切肤之痛擦干眼泪继续工作……然而六十多年过去了，当我问他们是否后悔自己当年的选择时，他们说从不后悔，只因为要保卫自己的祖国，让她摆脱屈辱的昨天！

> **小业：** 前辈的光荣传统是徐立平心中的引路明灯。

这，就是像梁老一样的老一辈航天创业者们的无悔选择。他们没有豪言壮语，他们的骨气和勇气却让我们振奋。

不同的时代有着不同的使命和担当。近年来，我们所生产的固体发动机所使用的燃料含能量愈来愈高，一位专家这样形容其风险："只要用一个小钢球顺着药面滚上半米，这些高敏感的药就会被点燃。而其燃烧温度高达数千度。"而我所在的班组的工作，就是每天用金属刀具在药面上修修铲铲，几乎就是"在炸药堆里"工作，其危险性可想而知。尤其是在发动机内部缺陷修补中，更需要操作人员钻进发动机内部进行作业，一旦发生危险，丝毫没有逃生的机会。

这样的任务，在我三十多年的职业生涯里，已经历过太多次。

回想起来，第一次执行任务的点滴仍历历在目。那是1989年，我国重点战略型号发动机研制进入攻坚阶段，一台即将试车的发动机发现大面积脱粘疑点，为了不影响后续的研制进度，专家组决定，就地挖药。这意味着，"整形师"要钻进装有十几吨火药、翻个身都很难的发动机狭小的药柱里，一点一点挖开填筑好的火药，寻找问题部位，其艰难可想而知、危险不言而喻。然而当时，与上级指令几乎同时形成的，是一支平均年龄三十几岁的挖药突击队，那一年我21岁，是年龄最小的队员。

在狭小的空间里，浓烈而刺鼻的固体燃料的药味已使人头晕目眩、恶心难忍，而我们只能半跪半躺着用小铲一点点地抠挖。为防止用力过大引起强摩擦，每次最多挖四五克药。在这样高度紧张的状态和缺氧的工作环境下，为确保安全，规定每人每次在里面最多干上十分钟就必须出来，换人再进。就这样，如同蚂蚁啃骨头一般，两个多月，挖出300多公斤推进剂，最终，我们成功找到了故障原因。当经过修复后的发动机地面试车取得圆满成功的消息传来时，我们突击队的队友们激动得相拥而泣。

而今，当神舟飞船遨游太空，当嫦娥玉兔的美丽神话真实"上演"，当朱日和沙场点兵刷爆国人的朋友圈、点燃中华儿女的自豪感，我们也更深刻地感受到作为一名航天工作者的自豪。我们的工作得到了祖国的最高认可，我们的背后更有广大同胞们的力挺和点赞！

以重：
民族自豪、国家荣誉是徐立平和他的队友不断奋斗的动力源泉。

不同的时代有着不同的使命和担当，不同的领域都有着不同的价值和意义，不同的岗位、不同的角落每天也都上演着劳动改写命运、奋斗成就未来的精彩故事。在我看来，没有什么能够比把个人梦想与祖国的利益紧紧相连让人更为激动，因为没有什么比祖国的强大更让人激动，没有什么比民族的崛起更让人振奋。

若要不负芳华，唯携手并肩、砥砺前行！因为，所有的幸福，都是靠奋斗得来！

2018年8月24日

敬敬老师：
祖国航天事业的每一步都离不开默默无闻的劳动者。你还了解哪些航天人的故事？

读者留言：

【见微知著】

徐立平在火药上微雕，不能有毫发之差，每一次落刀，他都能听到自己的心跳。这是千钧所系的一发，导弹火箭、载人航天，每一件大国利器都离不开他手中的刀。30多年来，在这个全世界都无法完全用机械代替手工操作的岗位上，徐立平忍受着常人难以想象的危险与寂寞，以精湛技艺和过人胆识"雕刻"火药，将一件件大国利器送入云霄……他手中的刀雕刻的不仅是火药，更是国人的希望、民族的骄傲。

【叩门引路】 这篇小说聚焦于一个特殊的场所——产院,其主要刻画对象不是产妇和新生儿,而是产院的医护工作人员谭婶婶、荷妹。作者以细腻的心理描写著称,她将笔墨集中在一个日夜里,静静的产院里谭婶婶却思绪暗涌、颇不平静,这是怎么回事?一起进入文本的世界,寻找答案吧!

静静的产院(节选)

当代 茹志鹃

人民公社成立以后,杜书记说要组织一个产院,拨给了三间房子。谭婶婶在这房子里,自己做了一张办公桌,弄来了一张高脚产床,发展了五个床位。这三间房子,再也不是普通的三间房子了,这是一所幽静整洁的产院。

"这不是跟医院差不多了吗?"谭婶婶兴奋得晚上睡不着觉,从产妇咬着头发,坐在脚盆边生孩子想起,想到那只高腿的产床;从自己三十九岁做寡妇想起,想到现在进产院做了……做了什么呢!她想来想去,想不出一个恰当的名目来称呼自己的职务,最后,她只能悄悄地用了"产科医生"这个名称。

在这里,在这所"跟医院差不多"的产院里,谭婶婶不但剪掉了发髻,她还学会了打针,打肌肉针、静脉针,学会了做产前检查,学会了量血压、抽血、缝线、拆线。每每碰到一些小手术,请镇上医生来动手术的时候,她就从从容容地做助手。对她的熟练沉着,医生也夸奖,甚至有的医生进一步要她自己学着动些小手术。谭婶婶笑笑,有些得意,同时觉得这些医生,把这产院要求得跟城里的医院一样,她又觉得好笑。谭婶婶对这一切都感到满意,不是没有道理的。

第二天一早,谭婶婶跨出房门,心里就是个老大的不快,原来荷妹已把两个产妇掇弄起来,站在房里做操呢!三个人嘻嘻哈哈,又弯腰又踢腿。

本来安安静静的产院,现在好像有一股什么风闯了进来,把一切都搅乱了。谭婶婶想了想,就拿了一只竹篮,迅速地走出了产院的大门,她想出去,离了这里,眼不见为净,去养鸡场给产妇领鸡蛋。

太阳快露头了,棉田里一片绿,青青的棉桃中间,杂着几朵迟开的白花,过不了多久,又该要忙采棉了。出早工的社员已经下田来了,女社员都认识谭婶婶,老远就招呼起来,这里叫"谭婶婶",那里叫"谭婶婶";这里告诉她小毛已经断奶了,那里告诉她阿芳会走了。这一阵子招呼,把个谭婶婶的心都招呼开了花。她不断地点头,笑着,大声地问候一个人,又大声地责怪另一个人,她觉得自豪,觉得幸福,什么烦闷不开心,都一齐飞向九霄。

谭婶婶回到产院,还没跨进屋子,就愣住了。这一间那么细心收拾过的办公室,粉刷得雪白的产房,现在却是满地的木屑竹片。凳子放倒了,那个盛米的木桶已在靠底的地方凿了一个洞,几支新砍来的竹子横在地上,门口烧了一堆火,火焰还没熄灭。还有,还有那雪白的墙上,已打了水桶大的一个洞,荷妹在洞边接竹管,那两个产妇也在递这拿那地帮忙。她们一见谭婶婶回来,立即欢呼起来:"谭婶婶快来看自来水!"

"自来水?对,还有自来水……"谭婶婶扶起一张凳子坐下,她觉得向她涌来的东西太多,她累极了。

"婶婶,水自己流进来不好么?"

"……好!"水自己流进来怎么不好!当然好。不过谭婶婶不能理解，荷妹为什么要这样着急地去弄它，好像是没自来水就不能生活似的，便开口说道：

"二丫头，乡里当然不像城里那么方便，我们什么都学城里，肩膀也怕碰扁担了，这可不好。"

"对！"荷妹收敛起笑容，认真地说道，"不过婶婶，乡下不是永远都是乡下，我们现在可以做到有自来水不去做，还是肩膀碰扁担，这可不是光荣，这是落后……"

谭婶婶迅速地朝荷妹看了一眼，荷妹咬住嘴唇不响了。

"荷妹说的倒是一句老实话，谭婶婶。"阿玲心直口快地说道，"能做的不做，这不是落后？这样一来，不是又省事，又卫生，又科学，回去我也推广去。"

"是啊！"谭婶婶答应着，心里猛地动了一下，这些话好熟啊！自己曾经说过的，三年前头，推广新法接生的时候，自己对许多人说过"又卫生，又科学"，对妇女说，对妇女的男人说，对婆婆说，对妈妈说。现在……谭婶婶看看刚做起来的自来水管，荷妹带来的氧气瓶，白色的护士帽，还有荷妹那对亮晶晶的眼睛，最后，谭婶婶看着那盏静静垂挂着的电灯……

天，骤然间阴了下来，树枝在空中乱舞，昨晚有风圈，现在果然起大风了。她站起来，想找些事做，她习惯地抓起了水桶扁担，但恰好这时竹管已接到井边，荷妹欢呼起来，阿玲她们也拍起了巴掌，她又悄悄地把扁担放下来，她不知所措了。她竭力想在这时候也找一点事来忙一忙，跑一跑，以证明自己在这里的作用，可是什么也想不起来。真奇怪，平常匆匆而过的时间，今天却拉得那么长，那么长……

"谭婶婶，彩弟要生了！"下午，一个男人气喘喘地扶着一个快临盆的产妇走来。

> **以重**：谭婶婶心里大概也下了一场暴风雨吧!

> **敬敬老师**：
> 作者在描写心理活动后又描写环境，用天气突变来反映心理变化，不仅烘托了气氛，也形象地表现出谭婶婶内心的不安与转变。

谭婶婶跳起来，立刻浑身来了力气，手脚也利落了，荷妹也立即丢下那些竹管跑来帮忙。彩弟迅速地被安排上了产床，那两个休养的产妇也回到自己床上躺下，产院里，一切都恢复了正常。

谭婶婶容光焕发，对彩弟的丈夫说道："你这个冒失鬼的脾气还没改呀，怎么让她走了来的!"

人一高兴，话也就多了，更何况彩弟这一对小夫妻在谭婶婶接生的历史上留下过有趣而有意义的一段！按说，这也可算是产院的前史。原来彩弟生第一个孩子的时候，正好是谭婶婶学习新法接生刚回来不久，半夜里彩弟要生了，彩弟的丈夫就骑了脚踏车飞来接谭婶婶去接生。谭婶婶那时候还没有什么经验，彩弟又是一个初产妇，心里就嘣嘣直跳。加上夜里又有点冷，天还下着小毛雨，她坐在脚踏车后面，两条腿直抖。彩弟的男人又是个毛毛糙糙的小伙子，一心想着妻子要生产，自己要做爸爸了，就仿佛屁股后面火烧起来一般，把车蹬得飞快。一个急，一个抖，三错两岔，车子一下撞到田埂上，两个人都摔出去好远，谭婶婶腿上还擦掉了一大块皮。现在他那个儿子都已六岁了，可是谭婶婶看见他，还是叫他"冒失鬼"。

"冒失鬼，你现在开汽车了，再冒冒失失的，就要闯穷祸了！"谭婶婶对着彩弟丈夫的脊背，追了一句。躺在屏风后面的彩弟笑了，谭婶婶回过身来，又得意地笑了。她想把这段往事告诉荷妹，让她知道，六年前，这里的新法接生是怎么样开始的。可是荷妹只跟着笑了一阵，并没有追问什么，她戴上白色护士帽，穿了白罩衫，扭开刚装好的自来水洗手，消毒，然后就坐在床边，给彩弟按摩，教她在生产时该怎么呼吸，开始作无痛分娩的工作。

现在，谭婶婶面对这一切，无论自来水管也好，荷妹那熟练准确的动作也好，心里很安然。彩弟夫妻俩，使她记起了自己过去的光荣，她在新法接生上作过的种种努力。她心平气和，慢条斯理地用酒精擦着手，而且到底找了一个机会，把彩弟生第一个孩子的故事告诉了荷妹，甚至还把腿肚子上的伤疤给她看了看。荷妹笑得弯了腰。

彩弟躺在雪白的产床上，一会儿闭上眼睛休息，一会又眯起眼睛望着耀眼的电灯，不断微笑着，她想着老大老二不同的出生情况，想着他们的将来：

"婶婶，你说我这个老二跟老大只隔了四五年，老二的福气比老大要大几倍啊！"

"照老法说话，生的时辰好。其实，人民公社早几年，老大还不是一样用亮堂堂的电灯迎出来呀！"

风在屋外旋转，这里显得特别的宁静。彩弟好像有点疲倦了，但她想了想又说：

"要说时辰生得好，那么老二比老大好，老大比荷妹好，荷妹又比你谭婶婶好，你说对不对？"

荷妹给彩弟按摩着，心里微微不安起来了。她迅速地朝谭婶婶看了一眼，可是谭婶婶并没有在意，对彩弟说道：

"那也不见得……"谭婶婶话还没有说完，彩弟打了一个呵欠，迷迷糊糊地要睡了。

产妇的阵痛感消失了。

无论是老法、新法接生,都知道,产妇打呵欠要睡,这是一个十分头痛的现象,婴儿需要很快用钳子钳出来,不然婴儿会闷死,产妇也会有生命危险。

"婶婶,我看不能等了。"荷妹急促地说道。

"快吧,孩子!"谭婶婶声音里带着无限的温存。

"我有些怕,我只实习过两次,都有医生在旁边看着的。"

"不要怕,孩子,有我在这里,你看婶婶这腿上的疤,第一次总有些慌,结果不都是平平安安地过来了。"谭婶婶洗了手消过毒,拿起抽屉里的橡皮手套,帮荷妹套上,然后退在一边。

各种各样的感情忽然汇集在一起,变成一种说不清的情绪,谭婶婶她兴奋,她高兴,她羡慕,她对自己不满。她看荷妹戴了大口罩,庄严地走来走去做准备工作,刀钳发出叮当的声音。她觉得这一切,和头顶上那盏耀眼的电灯,是那么调和,那么相称。

"荷妹,让我来学学吧!"

荷妹抬头,见谭婶婶怯怯的,但又是那样勇敢,那样坚决地站在自己面前。在这一刹那中,荷妹几乎记起了这个产院的全部历史,推行新法接生的全部斗争过程。她想起了谭婶婶怎么在半夜里,荡在脚踏车后面去接生……

"婶婶!"荷妹要不是身上套着隔离衣,她要跳上去抱抱婶婶;要不是时间紧迫,她要对婶婶说,婶婶是这样年轻,这样坚强。但是现在没有时间了,她只是激动地叫了一声婶婶,说:

"对!手术一点也不难,你做,我在旁边看着。"说着就帮婶婶穿戴起来。

谭婶婶扭开自来水,又仔细地洗了手消过毒,走到产床边。

一切都如理想中一样,可是现在谭婶婶却看不见产床是那样的洁白,电灯是那样的耀眼,她自己是那样庄严地响动着刀钳,她听不见风声,她也不知道荷妹用棉花球给她拭汗,她只看见荷

妹指点她的手势,忽然,"哇"的一声,婴儿哭了,是个男的,又一个小"冒失鬼"。谭婶婶刚直起腰来,一把就被荷妹抱住了:

"婶婶!"荷妹高兴得眼里含了泪水。

"谭婶婶!"里面房里两个休养的产妇也跑了出来,原来她们都为彩弟担心,都没睡着。谭婶婶笑着坐到椅上,她抬头看见电灯,电灯真亮啊!现在,谭婶婶觉得这个静静垂挂着的东西,不仅仅是个照明的电灯,在它耀眼的光芒里,蕴藏了一种看不见的力量,这力量可以用来电疗,用来抽水,用来打针,用来救活早产儿,用来……

两个产妇围着荷妹围着谭婶婶,纷纷说老二硬是生的时辰好,正赶上公社有了自己的产科医生。马蹄钟上的时针已指向午夜十二点,这里,这个静悄悄的产院,和全中国一起,和各个农村、各个城市一起,正走向明天——明天啊,将是一个多么灿烂、从古未有的明天!

一九六〇年四月二十五日午夜

【见微知著】 在《静静的产院》中,茹志鹃通过对比的手法,用温情细腻的叙述展现了新旧观念的碰撞,塑造了谭婶婶和荷妹这两个年龄不同、性格迥异,但都追求进步的鲜活女性形象。谭婶婶勤劳能干,有过高涨的热情,创立了人民公社医院,推广新法接生,却在自我满足中失去了进一步学习的动力;刚分配来的荷妹不仅充满激情,愿意接纳新事物,而且有着很强的行动力,说干就干。受荷妹感染,谭婶婶回忆起自己工作的初心,克服了保守观念,改进了工作方法,主动作为。不满现状,不惧挑战,敢于反思,精思突破,不仅是个人成长的必要路径,也是社会进步的重要动力。

【叩门引路】 陆文夫的作品塑造了一批工艺娴熟、技术高超、鲜明独特的工人形象，尤其是《葛师傅》的完成在他的创作道路当中具有里程碑式的意义。这篇小说笔法洗练、结构精巧，那位"总是戴一顶瓦灰色鸭舌帽"的葛师傅令人印象深刻，他对待工作一丝不苟、认真负责，这种工匠精神和主人翁意识尤其打动人心。

葛师傅（节选）

当代 陆文夫

我的师傅姓葛，名字叫增先。不管十冬寒夏，他总是戴一顶瓦灰色的鸭舌帽，为的是遮掩那斑白的头发。鸭舌帽向头上一扣，白发全然不见了，连额头上的皱纹都扣在帽箍里，只剩下一双尖灵灵的眼睛。他的眼睛深黑又活溜，外相一看，顶多四十五六岁，其实，已经是五十八岁的人了。

在车间里，葛师傅总共有两个徒弟：一个是谢广德，如今是车间党支部书记；还有一个就是我，如今也担任了车工小组长。我们师徒三个，在一起劳动了十多年，感情挺深厚的，年下节上礼拜天，常在一起消磨。我自小欢喜听苏州评弹，而且居然学会了《水浒》中的几个段子，像《景阳冈武松打虎》《鲁智深拳打镇关西》等等。

我的师兄广德，见我对评弹这样有兴趣，便来鼓动，说："师弟，你何不把厂里的新鲜事体，编几段评弹，在文娱晚会上说说？"

我说："师兄，说书这一行，可得有点神乎。你听武松打老虎的那一段,多神!多险!说英雄就得英勇无敌,说佳人就得美貌多情;眼前这厂里的事情,多是技术名词,太淡。"

广德说:"这话不对,你要透过技术名词看人。就说我们的葛师傅吧,他身上就有好材料。

"先对你说一段:葛师傅三十八岁的那年,从上海回到了苏州,在阊门外一家小机器厂里做生活。那年,有个姓史的老板,新开下一爿机器厂。这人的厂虽开得不大,心倒不小,开头就接下一宗大生活,替客户配一只大活塞。

"那活塞在车床上车了三天,最后的一刀没人敢车了。史老板一急,便到松鹤楼叫来两桌酒席,把阊门一带稍有名气的车工都请到厂里。葛师傅也去了,他和大家一样,当是老板请开厂酒哩。等到酒过三巡,菜进五道,史老板讲话了:'诸位,今朝请大家来,有点事情相求。敝厂有只大活塞要落车,请大家相帮卡一卡。人有难处,船有浅处,万望大家指教,兄弟自有重谢。'

"大家一听,你望着我,我望着你,知道上当了。葛师傅不管这些,照样地吃喝。等到酒席吃完,便进车间。史老板加三奉承,每人送上一副洁白的手套。大家戴上手套,拿起卡钳,先量汽缸,后量活塞,估算了半晌,啥人也不敢肯定大小。谁肯定要谁负责的,弄得不好岂但脸上难堪,连饭碗也不保!这时间,葛师傅站在旁边,只抽烟,不动手。史老板说:'这位师傅少请教,贵姓?'

"葛师傅说:'姓葛。'

"史老板笑着央求:'葛师傅,请露一手吧。'

"葛师傅嗯了一声,把半截香烟一掼,拿起卡钳,量了个仔细。量完了,二话没说,就把车床的马达一推,拖板一摇,嗤溜溜地车了一刀,大模大样地说:'落车!'

"跟着就把手套一脱,向汽缸里浇了一罐煤油,点起火来烧。这一烧,就把汽缸里的油垢烧掉了。然后擦干净,在活塞上涂好

> **小业：**
> "一推""一摇""一刀"，三个"一"连用，加上"大模大样"的神态描写，以及干净利落的语言描写，塑造出葛师傅技术高超、自信满满的形象。

油，放正，用榔头轻轻地拍了几拍，活塞进去了，正好！看的人都松了口气，啧啧地称赞。从此，葛师傅的名气可响了。他到哪爿厂，哪爿厂就生意兴隆。'葛增先'这三个字，被人家舌头一歪，喊成了'活神仙'！ 只要是'活神仙'修的机器，人家试也不试，扛着就跑。"

我听了这段故事，十分来劲。说唱英雄好汉，就得有这股气势！便对广德说："这段材料好，真有点像武松打老虎咧！"

广德笑起来了，说："你怎么老是武松打虎啊？当今的英雄可和武松不同了，他们碰到的事情多，问题也复杂。就说我们的葛师傅吧，要紧的还在后面。他去年一年，革新了十八项，帮别人革新了二十多项，这才是正文呢。以后有空，再慢慢地说给你听。"

我是烧虾儿等不及红，等不及广德说下文，便花了两个夜工，把葛师傅的这段故事编成了评弹。安了个题目，叫《活神仙巧车大活塞》。拿到文娱晚会上去一说，果然大受欢迎。

去年九月，葛师傅和广德都开现场会议去了。这时候，来了紧急任务，有爿榨油厂的蒸汽机坏了，全厂停工，万分火急，要我们突击抢修。我把红笔加圈的任务通知单一看，唷！也是要配大活塞，车间里的人，都听过《活神仙巧车大活塞》。这下子哄动起来，一个个伸长头颈，盼望"活神仙"当场表演！

大活塞剩下最后一刀时，葛师傅正好回来。徒工们乐坏了，呼隆一下围上来，把葛师傅围在当中，有人直着嗓子喊："快来呀，活神仙要表演啦！"

葛师傅被弄得莫名其妙，见我在旁边笑嘻嘻地，便问："你又要啥花样了，谁表演？"

我说："别听他们瞎起哄，有只活塞请你卡一卡。"

葛师傅听到"活塞"两字，眉毛动了一下，便问："生活急不急？"

"急得没话谈了，人家一爿榨油厂停工，几百人等着哩！"

葛师傅听了忙问："送来几天了？"

我说："两天。"

"活塞有多大？"

我说："和你解放前车的一样大。"

葛师傅脸一虎："什么解放前不解放前的，快领我去看。"

我见师傅的脸色不对，心里有点虚。说实话，这样的生活是不能当耍的。那些看表演的人，可不管这些，当啥稀奇看哩！里外三层围着葛师傅，一个劲地喊："快来呀，表演开始啰！"葛师傅听了恼火，我听了也不自在，就是没法喝散他们。

葛师傅跑到车床跟前，偏过头，把大活塞左右一看，问当车师傅说："还有多少误差？"

"大概半个厘米。"

葛师傅听了，立刻把袖管一捋，半截香烟一掼，拿起卡钳就量。我立刻站到车头上，按住开关，等候开车的命令。看热闹的人也都屏住了气。葛师傅量了一遍，眉宇间的一股猛劲立刻消失了，松了口气说："还好，没有多车。"跟着又恢复了稳重与平静，问我："厂里有没有这么大的分厘卡？"

"货已经订了，还没有来。"

葛师傅又问："厂外有没有？"

我说："不曾问过。"

葛师傅像抓住啥把柄似的，责怪我："你为啥一点准备不做，莽莽撞撞地干险事？"

我听了，肚皮里泛泡泡。你之前干得那么神奇，如今却非分厘卡不可了。

那些看表演的人，也和我一个心思。他们本想见识一下葛师傅的当机立断，干净利落；见一见他当年的英武气概。没想到"活神仙"却在磨磨蹭蹭地找分厘卡！有些人熬不住了，喊喊嚓嚓地议论起来：

"并不那么神嘛！"

"人家也得考虑呀。"

"考虑啥呀，他过去跟资本家做也不曾考虑嘛，是怕坍面子。"

葛师傅头发白得早，耳朵却十分尖灵。最后这一句话，被他捉住了，便抬起头来追问："这话是哪个说的？"

人们你推我揉，把那个徒工挤了出来，畏畏缩缩地走到车床跟前。葛师傅问他："你叫什么名字，几岁啦？"

"叫福根，十九。"

葛师傅说："你当我真是神仙，真那么有把握？我是拎着饭碗碰运气啊！碰对了，我能在苏州多吃几年饭；碰不对，拍拍屁股动身，大不了多闯几个码头。报废不报废，厂的名誉等等，都与我无关。如今能这么乱闯？万一报废了，损失工料还是小事，榨油厂几百人等着哩！你们算过没有，停工一天要给国家造成多大的损失？这不是个人的饭碗问题了！"

车间里鸦雀无声，只有车床在咝咝地旋转，铁器轻轻地碰击，锻工车间的汽锤，在远处咚咚地捶打。一阵云头过去了，天窗里突然射进耀眼的阳光，这时候我才看清了葛师傅，不仅看清了他那严肃的目光，而且看清了他的心，便转身对葛师傅说："师傅，这都怪我不好，想错了路数。你等等，让我打电话到厂外问问，有没有大分厘卡。"

葛师傅说:"好的,动作放快些。"

我连问了两爿厂,都回说没有。其中一爿厂本来是有的,但拿到上海修理去了,要等三天才能回来。我奔回车间,把情况告诉了葛师傅,劝他说:"那就等几天吧,等大分厘卡来了再落车。"

葛师傅拧起眉头,翘起下巴,眯细着眼睛,停了一歇说:"不能等。眼下正是新豆登场,榨油厂的任务紧急。"

我说:"万一报废了,时间也和等的差不多。"

葛师傅说:"不对,这里头有个争取。你去通知翻砂间,别把活塞的泥模毁了,随时准备浇第二只……你去通知九号车床,新的生活慢点儿上车,为车第二只活塞做好准备……喂,没事的同志们,请把汽缸烧一烧,揩干净,准备装配!"

葛师傅简短迅速地作了一连串的吩咐,便动手调整车床,重磨车刀,一把大卡钳拎在手里,说:"来来,替我开车。"

我点点头,像九年前跟师傅学徒一样,连忙准备好工具,揩净车床,然后立在车头上,一手按着开关,等候命令。

葛师傅把帽子一脱,现出了一头斑斑的白发。他精神抖擞,两眼奕奕有神,双手轻捷有力,轻轻地操起卡钳,先量汽缸,后量活塞。动作是那么迅速,又那么准确;考虑得那么周到,行动得又那么大胆!

旁边那些看表演的,个个肃静无声,像在替葛师傅助劲。这时候,人们不是看稀奇了,而是和葛师傅共担着一个责任。

紧要关头到了,葛师傅的眼睛突然亮起来。只见他满满地吸了口气,摆开八字步,把全身的力气都提到两只膀子上,屏住气,稳住劲,卡钳脚在活塞上轻轻地一探,跟着一挥手,高喊:"开车!"这简短沉重的声音,在铅皮屋顶上滚了几滚。

我把开关一揿,车床飞舞起来,车刀嗤嗤地向前切削,雨点般的铁屑，沙沙四散，落在油盘上，冒起一团团白烟。工夫不大，一刀到头，大活塞完工了！我没等葛师傅吩咐，便吹起哨子，指挥落车。

> **敬敬老师：**
> 文中两次描写葛师傅车活塞的动作，第一次描写侧重表现葛师傅的技术高超和自信满满，第二次描写的侧重点是什么？从哪些动词可以看出来？

那一边，人们早把汽缸烧过，揩擦干净。徒工们个个抢事做，涂油的涂油，搭活塞的搭活塞，忙着向汽缸里装。

葛师傅站在车床边上，只是抽烟，声色不动。

只听见榔头梆梆梆三响，车间里一片欢叫："正好！"

我的一颗心从喉咙里落下肚去。回头看葛师傅，才发现他的衬衫全湿了，眉毛上都吊着汗珠。

1960.12.26

【见微知著】

一顶灰色鸭舌帽、一头斑白发，代表着他的朴素勤俭；一身车活塞的绝技，代表着他的精湛技艺；几十年坚守岗位，代表着他的不忘初心。葛师傅年轻时艺高人胆大，所车活塞分毫不差；上了年纪后不仅手艺没有生疏，更增加了对集体的细致谨慎的态度和责任感。而这些都离不开他几十年如一日坚守在岗位上对自身职业的不断琢磨、锤炼与思考，社会各行各业的发展都离不开葛师傅这种精于雕琢、认真负责的敬业精神。

【叩门引路】

我们见过各种各样的名人雕塑，但是你见过为一名售货员立像的吗？北京市百货大楼的楼前就竖立着一位售货员的塑像，这位售货员名叫张秉贵。张秉贵是北京市百货大楼的一名售货员，也是二十世纪五十年代到八十年代我国商业系统最著名的全国劳动模范之一。他的绝活是售货"一抓准"、算账"一口清"、"接一问二联系三"的工作方法以及"一团火"的服务精神。很多外地顾客慕名而来，在他的糖果专柜前排起长队，只为亲身感受他的技艺和服务。燕京（今北京市）有八景，凭借这些绝活，张秉贵售货被群众亲切誉为"燕京第九景"。

"一团火"精神

当代 刘锋

人们常用"体贴入微"来形容张秉贵的服务态度，他站柜台几十年从来没有对顾客发过一次火，红过一次脸，态度总是那么和蔼可亲。有人问：难道张秉贵就从来没有遇到过不讲理的顾客？张秉贵说："我们为人民服务，就要完全彻底，遇到个别顾客冷，决不能以冷对冷，而是要以热对冷，变冷为热。"

人们说，张秉贵的胸中有一团烈火，燃烧着为人民服务的乐章。他的精神劲儿，他的热情劲儿，他的持久劲儿，就像一股股暖流融化冰川雪峰一样，使顾客心花怒放，笑逐颜开。很多人到百货大楼糖果柜组前，都是为了一睹"劳动模范"张秉贵的风采。顾客们悄悄议论：

"他就是劳动模范张秉贵!"

"你瞧他抓糖,一抓就准。"

"他售货速度真快,又那么热情,让人心中热乎乎的。"

敬敬老师:
新闻通讯讲究真实,自说自话难有说服力,引用顾客的议论言简意赅地勾勒出张秉贵的劳模风采,给人感觉自然真实。

小业:
我觉得这几句话看似自然随意,实际上却是精心选用的。前一部分赞扬的是张秉贵的业务技能,后一部分夸赞的是张秉贵的工作态度。

一次,一位抱小孩的女顾客来买糖果,当时柜台前人很多,还没轮到她买,孩子就哭起来,嚷着要吃糖果。只见张秉贵从货柜里拿起一块糖果,放到孩子手里,孩子顿时止住了哭声。张秉贵又对这位顾客说:"这块糖果待会儿一块算账。"她感激地点点头。过了一会儿,轮到她买糖果时,张秉贵从称好的糖果中拿出一块放回货柜里,又拿出几块用小纸袋装好,塞进孩子的衣兜里,把剩下的糖果包捆结实递给顾客,嘱咐道:"孩子兜里的糖果,留着他路上吃。"这位顾客激动地对孩子说:"快谢谢爷爷!"孩子天真而又亲昵地叫了声:"爷爷!"周围的顾客不约而同地笑起来,赞扬张秉贵比当妈妈的还想得周到。

作为一名售货员,什么样的顾客都可能遇到,张秉贵的"以热对冷,变冷为热",常常会收到很好的效果。

一天中午,商店里的人不多,一位女顾客气呼呼地来到糖果柜台前,张秉贵含笑迎上去问她:"您想买点什么糖果?"

"不买,难道不能看看吗?"

说完，这位顾客连看都不看张秉贵一眼，绷着脸从中间柜台向东头柜台走。张秉贵也随着她向柜台东头走去，边走边想：她准是遇到了什么不顺心的事，越是这样，我越是要热情接待她。张秉贵一边走，一边和颜悦色地说："最近从上海来了几种新糖果，味道还不错，您想看看吗？我给您介绍一下……"顾客被张秉贵那火一般的热情感动了。她抱歉地说："刚才我冲您发火，您没见怪吧，我那孩子不吃饭就去游泳，气得我真想揍他。您瞧，刚进大楼那阵儿，我的气还没消呢！"

"您教育孩子是应该的，可要注意方法，不能打孩子。"张秉贵诚恳地说。

这位顾客感动了："您的服务态度真好，我无缘无故向您发火，您还这样耐心做我的思想工作……"

这件事以后，这位女顾客每次来百货大楼，都要到糖果柜台前来看望张秉贵。

还有一次，一位工人模样的同志到百货大楼糕点组买东西，因为刚喝了酒，心烦，就和一位售货员吵了起来。他带着怒气，又来到对面的糖果组。这时，满面笑容的张秉贵迎了过来，主动和他打招呼。这位顾客怒气未消，一连让张秉贵称了三种糖果，每种都只要一两。张秉贵非常麻利地给他称了糖果，包装好，又告诉他这三种哪种好吃。这位顾客被感动了，脸上露出歉意。从那以后，他常来买糖果，他说："我来看张师傅，是因为他对顾客太好了。每次在他那儿买东西，心里总觉得很舒坦，很高兴，回到家里也总是忘不了。"

张秉贵心中装着"一团火"，他用这团火，温暖着别人，照亮着别人。

在糕点组时，有位面带病容的女顾客来买糕点，她对张秉贵说："我身体不好，一吃甜的就腻，你能帮我选几种适合我吃的点心吗？"

张秉贵详细地介绍了各种糕点的味道，最后帮她挑了些略带咸味的鸡油芝麻饼和牛舌饼，女顾客感激地说："你们的服务态度真好！"

几天后，这位女顾客又来到柜台前，把一大包枣和梨放在柜台上说："这是我家乡的水果，特意送来让你们尝尝。"张秉贵急忙摆手谢绝，可顾客已经跑出门了。

夜里，张秉贵翻来覆去睡不着觉。中华人民共和国成立前，他在德昌厚当伙计时遇到的一件往事，又浮现在眼前。一个国民党兵痞来吃冰激凌，因为等了一会儿，就发起火来，一拳打在张秉贵的心口上，还恶狠狠地骂："看你还敢把老子当生西瓜'蹲'起来！"那时候，张秉贵有气往肚里咽，有泪朝心里流，挨了打，还要装出一副笑脸赔不是。想想过去，看看现在，他无限感慨：过去和现在一样，都是热情服务，过去常常挨打挨骂，甚至还有生命危险。他被日本兵抢过，被兵痞打过，被洗染店的老板刁难过，警察、汉奸也常常白拿白吃。现在刚为顾客做了一点儿事，他们就把自己当亲人相待，自己有什么理由不做好本职工作，不全心全意为人民服务呢！

> **以恒：**
> 张秉贵以前就是柜台伙计，中华人民共和国成立后成为商场售货员。他几十年如一日，始终坚持做好一件事，不忘初心。在艰难岁月中，他凭借认真细致的业务能力和耐心专业的精神品质一路前行。

也有人问张秉贵："几十年来，你老那么热情，难道自己就没有过一点儿不顺心的事吗？"

张秉贵却说："我认为柜台就是阵地，我一进入柜台，就像解放军进入阵地一样，一点儿都不想自己的事。从早晨开门接待第一位顾客，到晚上关门送走最后一位顾客，心里想的，手里干的，都是为顾客。"

——他想排队买糖果的顾客中，有没有急着赶火车的，怎样发现他并主动给予优先照顾。

——他想对待老弱病残、抱小孩的顾客或买糖果数量少的顾客，怎样更为精心地接待他们。

——他想怎样为顾客节省时间，提高工作效率。

——他想怎么能使来百货大楼的顾客心里热乎乎的，回工作岗位后，心里也是热乎乎的。

张秉贵为顾客想得那么多，却顾不了自己的家。

他家离商店并不很远，他却和妻子相约：常年住在单身宿舍，每星期休息时才回家一次。他还嘱咐妻子，没有急事不要向柜台打电话。他的妻子崔秀萍，一位朴实的劳动妇女，忠于丈夫的嘱托，身挑工作和家庭两副重担，抚育了四个孩子，从没有因私事打电话到柜台。就连她临产时，也不敢惊动忙于春节供应的丈夫，自己艰难地走到医院。直到年三十夜里，张秉贵送走了最后一批顾客，深夜回家吃团圆饺子，才知道炕上多了一个胖儿子。

一次，他唯一的女儿生了重病，日夜说胡话，张秉贵送女儿到医院后，找来别人照料，就赶去上班了。上班路上，孩子的病情在他脑海里怎么也抹不掉，一上柜台，张秉贵努力克制自己，照样专心致志地工作。

社会上不少人包括一些售货员，有这样一种看法：站柜台最简单，不用学就能会，不就是一手收顾客的钱，一手给顾客所购买的商品吗？

张秉贵却说："站柜台虽然不是什么高深的学问，既不需要证明什么原理，也不像发射火箭那样动人心魄，但同样有知识，这里也大有学问哩！"

张秉贵并不满足于他的"一抓准"和"一口清"，他不断地总结、探索。

在眼、耳、口、手、脚、脑六部"机器"同时开动的售货过程中，他还通过眼神、语言、动作、表情、步伐、姿态等方面表现服务态度，给人以"主动、热情、诚恳、耐心、周到"的良好印象。

一名售货员要接待来自四面八方的顾客，这些顾客有不同的爱好、兴趣和购买动机，要满足他们不同的需求，就得学点心理学。

售货员语言要亲切动人，言简意明，使顾客听后满意，就得学点语言学。

为了当好顾客的参谋，他不知费了多少心血去熟悉自己柜台里的商品。公休日，他到糖果厂去参观访问，了解糖果的制作过程；下班后，他又到医院向医生学习各种糖果的营养知识；卖糖果时，他虚心向爱吃糖果的顾客了解各种人吃糖果的习惯和各种糖果的味道。几年间，他自己花钱买了230多种糖果品尝，并请同柜台的售货员一起尝。经过刻苦钻研，张秉贵的商品知识十分丰富，为顾客服务也有了更多的主动权。遇到患肝炎的顾客，张秉贵就介绍他买糖分多、对治肝病有好处的水果糖；遇到患气管炎的顾客，他就介绍买冰糖；对消化不良的顾客，他又建议顾客买柠檬糖和橘子糖……

在售货中，他严格要求自己，做到顾客买与不买一个样，买多买少一个样，生人熟人一个样，大人孩子一个样。

在柜台里，张秉贵会及时发现需要照顾的老弱病残顾客，尽量为他们提供方便、快捷的服务。他随时倾听顾客的要求和建议，不断解答顾客的询问，还要不停地拿糖、过秤、包装、打捆儿，同时用心算代替算盘。在柜台里，他三步并作两步走，一点儿也不觉得累。可是晚上下班后，他就感到有些支持不住，有时连上楼都要扶着墙。同事说他是"上班三步并作一步走，下班一步分

> **小业：**
> 走路的细节对比，突出了张秉贵忘我的工作精神。

成三步迈"。尽管如此,下班后他也没有真正休息,他的心还在柜台里,还在顾客中,他每天晚上都要将自己想象成顾客,站到顾客的角度来回想自己一天的工作:哪些做得好,哪些做得不够,怎样去改进。

张秉贵向顾客献上的是火一般的热情,顾客反馈给他的,也热情如火。

他柜台前的顾客,几乎都是他的朋友,每天都有人来看望他。当他卖货累得满头大汗时,会有顾客情意深切地让他先休息一下。

一次,他到浴池洗澡,一位同志拿着毛巾、肥皂过来,坚持要为他搓背。张秉贵再三推辞,这位同志恳切地说:"您为多少顾客服务过,我也是您的顾客,今天就让我为您服务一次吧!"

他去一家饭馆吃夜宵,这里已经座无虚席,他买了碗炒面站着吃。突然,厨房里有位大师傅,举着凳子一边吆喝着闪道,一边朝张秉贵走来。人还没到,就开始说话了:"您是百货大楼卖糖果的那位老同志吧,我在您那儿买过糖果,快坐下吃,您这么大岁数了,站了一天柜台,够累了,该歇歇了!"边说边把凳子放在张秉贵的身后。

有一位外地顾客,来北京时几次到百货大楼看望张秉贵,恰巧都没有遇到。临离京的那天晚上,他抱着最后的一线希望来了。一见张秉贵就喜不自胜,紧紧攥住他的手说:"可见到您了,看到您的身体还很健康,我真高兴。"

张秉贵出门就会碰上热情的朋友。排队买东西,会有人坚持让他先买;乘公共汽车,会有人主动给他让座。在人多的公共场所,经常传来一声声热情的问候:"张师傅,您辛苦了!""张师傅,您认识我吗?我在您那里买过糖果,谢谢您了!"

张秉贵为顾客的热情而感动,这些热情反过来更激励他为顾客奉献周到的服务和赤诚的真心。

【小课堂】二十世纪五六十年代的售货员为什么要练就"一抓准"和"一口清"的技能？

有人认为买糖有标签，抓糖有秤，没必要做到"一抓准"和"一口清"。其实，这样的技能要求跟当时的时代背景密切相关，并不是为了博人眼球，把售货变成杂耍。那时候物资供应不充足，人们能选择购物的地点非常少，而北京市百货大楼又是当时全国最大的商业中心，不仅有大量的本地人来此购物，还会有全国各地的人也来这里购物，因此人流量非常大，顾客买东西总要排起长长的队伍。"一抓准"和"一口清"能够有效提高销售的工作效率，方便顾客。虽然这样的时代已经过去了，但不同时代对工作会提出不同要求，根据时代要求提升业务能力是精业的体现。想一想，如果你是售货员，在当下的时代背景下应该怎样提升业务能力？

【见微知著】 张秉贵在北京百货大楼工作30多年，他挺直腰板站在三尺柜台，接待了几百万名顾客。精湛的技艺和热情的服务，使得张秉贵成为"新中国第一店"闪亮的金字招牌，也成为我国商业战线上的一面旗帜。如今，随着互联网经济的兴起，新商业时代已然到来，变化的是商业环境、顾客需求，但不变的则是温暖顾客的"一团火"精神。这种精益求精的精神将永不过时，一直闪耀！

【叩门引路】 醒头草是一种香草，我国古代的文人士大夫常将其做成香囊佩戴于身，不仅能使身体芳香，还可驱虫除秽，因此它又被称为"佩兰"。《离骚》也有名句"扈江离与辟芷兮，纫秋兰以为佩"。这种香草不仅气味芳香，适合贴身佩挂，同时也有很高的药用价值，具有化湿解暑、醒脾开胃等功效。选文中一位老中医就用此药解决了"她"身体和精神上的双重问题。我们都听说过药能"医身"，这副药居然还能"医心"，这又是怎么一回事呢？

醒头草

当代 刘正权

"由来佳节载南荆，一浴兰汤万虑清！"

"兰汤浴？"她微嗔，你当我贪图享受来了？即便是，也没谁跑医馆里来消受的，怪自己选的日子不对？

又不是三月三。

敬敬老师：

作品开篇两句话，内涵颇为丰富，"万虑清"将"医身"与"医心"关联，体现了中国传统文化的智慧，同时也为下文埋下了伏笔。

搁古时，三月三上巳节这天，官员会亲领下属，斋戒，兰浴，更衣后隆而重之，拜天地，祭神灵，敬祖先。她不屑这么做，人民公仆一个，不求医问药，谁有闲暇到医馆来。

医馆里面消受，亏她想得出来。

老中医对她的微嗔报之一笑:"别一看见流泪的红蜡烛,就认定是抄袭了李商隐的那根,此一浴兰汤,与你想象的兰汤浴,只怕是大相径庭。"

果然大相径庭,此浴兰汤纯粹是治病,她对自己先入为主的观念感到好笑,浅薄了不是!

以为跟西安华清池一样,被冠以莲花汤、海棠汤的那种兰花汤。

老中医所谓的兰汤,不过是本地最为常见的醒头草,菊科植物佩兰,因芬芳辟邪适合随身佩戴而得名,溧水河两岸遍布。她是不折不扣的本地人,对醒头草再熟悉不过,自己出生第三天就跟醒头草有过交集。洗三是本城的风俗,每个刚出生三天的孩子,都会用艾叶和醒头草熬的汤洗个澡,谓之醒身。

她肯定是醒身最早的孩子,读书聪明,当官有为,四十岁出头就成为分管文化旅游的副市长,把文旅事业打造成本地最大的支柱产业。

她这会儿刚从会议上下来,肚子胀鼓。她吃得极少,可连续半个月的会议,到底让她的肠胃败下阵来。

不用把脉,只问症状老中医就知道,她这是需要醒脾胃了。

"醒头草可不是只有醒头这一个功能的,醒身,醒头,醒脾胃!"老中医停顿一下,很认真地看她,"为啥脾胃放在最后,晓得有什么讲究吗?"

她摇头,谈文旅产业发展,是她的强项,论中医理论,她是盲人骑瞎马。

"每个人都有自己生活的盲点,哪怕在你熟悉的领域!"老中医这个感慨发得有点儿莫名,好在,他没信马由缰下去,"一个头脑身

> 以恒:
> 老中医不是给女市长看病吗?怎么感觉他说的话与诊断关系不大呢?

心都清醒的人，脾胃是不会胀鼓的。"

> **以重：** 这句感慨看似莫名其妙，其实有点醒"自信"的女市长的意思。

原因很简单，什么该吃进肚子，什么不该吞下喉咙，不会心里没数。

她心里这会儿是没有数的，在市政府工作报告的十四五规划中，有人大代表在建议中提到两个关键词：原生态、孝文化。

原生态、孝文化，都是老生常谈了，有点儿新意行不！当时她只差没冷笑。

质疑她辖下文旅产业融合得不够，都得到省市两级的表彰了，等同于官方认证呢。

心底的冷笑没能让代表眼里燃烧的光芒冷场……

有掌声，在代表发言时几度响起。

她的胃，就是在那时胀鼓起来的，不排除有外因的刺激。

或许是浴了兰汤，晚上，静坐灯下的她，细嗅老中医赠送的香囊，把那个代表的发言进行了一次全面"反刍"。近几年，文化产业不断发展，"文旅融合"的建设模式，把文化与景区开发联系在一起，是个好的开端。但文化不应该仅是外在符号，如何作为旅游产品的灵魂真正渗透到开发中，是我们需要思考的。把文化真正吃透，之后再把文化渗透到旅游产品与项目的开发中，还有很大的上升空间。

上升空间？她若有所思，把香囊递到鼻子下面，这香囊里有醒头草的气息，植物是不会说话的，它们用散发的气味表达自己对疾病的认知。文化同样不会说话，提升文旅融合的空间，这其中既有文化从业者对文化的认知问题，还有形成这样生产机制的体制上的问题。由于更多时候是政府和商业资本开发旅游产业，真正研究文化的人想要在这样的机制中参与进去，还是很难的。

文化不应该仅是外在符号！如同她初对兰汤的理解，确实停留在字义上，缺乏真正的认知。

黄帝内经有言："圣人不治已病治未病，不治已乱治未乱。"天下万物皆同此理。

> **敬敬老师：**
>
> "圣人不治已病治未病，不治已乱治未乱"运用的是引用的修辞，用在这里不仅增加了文章的文化意蕴，同时暗示情节，表明女市长心里已对文旅产业未来的发展有了前瞻性思考。

"靠网红打卡带货助力，这种文旅宣传终究会成为过去，该醒醒了！"那个代表的话有如迎头棒喝，丝毫不顾及她的感受，怎么说她也是大名鼎鼎的网红市长啊。

醒头草，醒身，醒头，醒脾胃！

草都懂得三醒，人自当能够三省！

原生态、孝文化，追根溯源，不就是崇尚古朴。

她想起来，那个代表，一直致力于尚朴文旅项目的打造，对文化复魅工程身体力行。

三省吾身的她念及此，拨通那个代表的电话："怎样更好地将文旅产业与脱贫攻坚相结合，我想组织一班人对这个课题做个深度调研，时间就定在三月三上巳节这天，不知道您可否愿意参加？"

代表很兴奋："太好了，旅游业是老百姓可以参与，可以分享到最多利益的一个产业，我一直等着的，就是您这句话。"

【见微知著】 《醒头草》中的女市长因胃胀就医，发现自己误解了医馆的"兰汤浴"后能够立马认识到自己的浅薄，晚上回去后对代表提出的话全面"反刍"，并与代表通电话，计划组织一班人进行课题研究，这体现了她善于反思自省、虚心学习、积极进取的精神品质。一个城市的发展离不开这样具有自省突破精神的领导干部，一项事业的成功也离不开这样能够虚心学习、勇于突破的开拓者。

【大河论坛】

《曾国藩家书》中曾说："凡人为一事，以专而精，以纷而散。荀子称耳不两听而聪，目不两视而明，庄子称用志不纷，乃凝于神，皆至言也。"

《信息乌托邦——众人如何生产知识》提出"信息茧房"的概念，用以形容人们关注的信息领域会习惯性地被自己的兴趣所引导，从而将自己的生活桎梏于像蚕茧一般的"茧房"中的现象。由于信息技术提供了更自我的思想空间和各个领域的巨量知识，一些人还可能进一步逃避社会中的种种矛盾，成为与世隔绝的孤立者。精钻一事是否会造成对其他事物的漠视？你怎样看待这个问题？

互动留言区：

小业：
我认同曾国藩的想法，他强调在做事时要"专"和"精"。"专"就是专心致志，心无旁骛，切勿一心二用；"精"就是以"专"致"精"，只有做到了"专"，才能有机会到达"精"的程度。

眼中最美的身影

精业

以恒：
团体、个人在某个行业、某项技术、某个领域之所以被称为"精英"，是因为他们在各自的领域内既专业又精细，为国家和社会作出了很多贡献，是高精尖型人才。

勤勤：
一个人只关注自己选择的领域，或者只关注使自己愉悦舒服的东西，久而久之，便会像蚕一样，将自己桎梏于自我编织的茧房之中，从而丧失全面看待事物的能力。所以我们需要不断学习，加强思考的深度，拓展固有的信息圈子，打破自我的局限，读万卷书，行万里路，历万端事，阅万般人。

我说：

【一叶知春】

有道无术,术尚可求也。有术无道,止于术。
——《老子》

大学之道,在明明德,在亲民,在止于至善。
——《礼记》

是以志之难也,不在胜人,在自胜也。
——《韩非子》

多言而不当,不如其寡也。博学而不自反,必有邪。
——《管子》

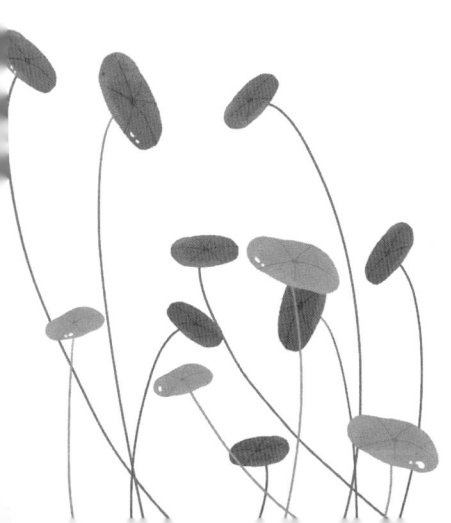

兴 业

> 功以才成,业由才广。
> ——《襄阳记》

"兴业"，顾名思义就是使自己所从事的行业兴盛起来。这可不是一件容易事，大家谈谈怎样做才能做到"兴业"呢？

敬敬老师

我认为"兴业"的起点在自身。能够开创一个领域、推动行业发展的领军人，哪一个不优秀？比如，被誉为"中国克隆之父"的童第周、中国的"杂交水稻之父"袁隆平。只有自身优秀，才能起到带动作用。

小业

小业说的这点可以概括为"以身作则，树立榜样"。领军人物不仅要有杰出的才能，在专业上起到指导和引领作用，还要有高尚的道德情操和高度的责任感、使命感，能感染人，鼓舞人。

以恒

我认为做到"兴业"，还要善于学习和借鉴，行业中前人的有效经验和方法可以让我们有更高的起点，避免走弯路。

以重

我同意以重的观点，但光继承前人还不行，我们要创新，"站在巨人的肩膀上"成就自己的事业。创新才是国家发展的第一动力。

以恒

是的，创新很重要，创新要以时代发展和社会需求为引导，只有这样，一个行业才会有"源头活水"，才会不断焕发出新的生命力。

敬敬老师

【叩门引路】 提起父亲的形象，第一个浮现在你脑海中的是什么模样？是朱自清笔下那个为给孩子买几个橘子而翻过月台的微胖身影，还是《活着》里历经人世跌宕以顽强姿态与命运抗争的老农福贵，抑或是罗中立画布上爬满黝黑面庞的一道道"深沟巨壑"？在选文中你又会认识到一群"负荷着孩子的哭声赶路"的父亲们……

划呀，划呀，父亲们！
——献给新时期的船夫

当代 昌耀

自从听懂波涛的律动以来，
我们的触角，就是如此确凿地
感受到大海的挑逗：

——划呀，划呀，
父亲们！

我们发祥于大海。
我们的胚胎史，
也只是我们的胚胎史——
展示了从鱼虫到真人的演化序列。
脱尽了鳍翅。

可是，我们仍在韧性地划呀。
可是，我们仍在拼力地划呀，
我们是一群男子。是一群女子。
是为一群女子依恋的
一群男子。
我们摇起棹橹，就这么划，就这么划。
在天幕的金色的晨昏，
众多仰合的背影
有庆功宴上骄军的醉态。
我们不至于酩酊。

  最动情的呐喊
  莫不是我们沿着椭圆的海平面
  一声向前冲刺的
  嗥叫？

我们都是哭着降临到这个多彩的寰宇。
后天的笑，才是一瞥投报给母亲的慰安。
——我们是哭着笑着
从大海划向内河，划向洲陆……
从洲陆划向大海，划向穹窿……
拜谒了长城的雉堞。
见识了泉州湾里沉溺的十二桅古帆船。
狎弄过春秋末代的编钟。
我们将钦定的史册连根儿翻个。
从所有的器物我听见逝去的流水。
我听见流水之上抗逆的脚步。

眼中最美的身影

——划呀，父亲们，
　　　　划呀！

还来得及赶路。
太阳还不见老，正当中年。
我们会有自己的里程碑。
我们应有自己的里程碑。
可那旋涡，
那狰狞的弧圈，
向来不放松对我们的跟踪，
只轻轻一扫
就永远地卷去了我们的父兄，
把幸存者的脊椎
扭曲。

　　　大海，我应诅咒你的暴虐。
　　　但去掉了暴虐的大海不是
　　　大海。失去了大海的船夫
　　　也不是
　　　船夫。

于是，我们仍然开心地燃起爝火。
我们仍然要怀着情欲剪裁婴儿衣。
我们昂奋地划呀……哈哈……划呀
……哈哈……划呀……

是从冰川期划过了洪水期。

是从赤道风划过了火山灰。
划过了泥石流。划过了
原始公社的残骸,和
生物遗体的沉积层……
我们原是从荒蛮的纪元划来,
我们造就了一个大禹,
他已是水边的神。
而那个烈女
变作了填海的精卫鸟。
预言家已经不少。
总会有橄榄枝的土地。
总会冲出必然的王国。
但我们生命个体都尚是阳寿短促,
难得两次见到哈雷彗星。
当又一个旷古后的未来
我们不再认识自己变形了的子孙。

可是,我们仍在韧性地划呀。
可是,我们仍在拼力地划呀。
在这日趋缩小的星球,
不会有另一条坦途,
不会有另一种选择。
除了五条巨大的舳舻,
我只看到渴求那一海岸的船夫。

　　只有啼呼海岸的呐喊
　　沿着椭圆的海平面

组合成一支
不懈的
嗥叫。

大海,你决不会感动。
而我们的桨叶也决不会喑哑。
我们的婆母还是要腌制过冬的咸菜。
我们的姑娘还是要烫一个流行的发式。
我们的胎儿还是要从血光里
临盆。

……今夕何夕?
会有那么多临盆的孩子?
我最不忍闻孩子的啼哭了。
但我们的桨叶绝对地忠实。
就这么划着。就这么划着。
就这么回答着大海的挑逗:

——划呀,父亲们!
父亲们!
父亲们!

我们不至于酩酊。
我们负荷着孩子的哭声赶路。
在大海的尽头
会有我们的
笑。

以恒：

诗歌中反复出现的呼告"划呀""父亲们"是一种鼓舞与呐喊，具有强大的气势和力量。

勤勤：

诗人运用表示划动的词和重复的句子，传递出强烈的音乐节奏感和韵律美感，给人以强烈的视听冲击。

敬敬老师：

诗歌以坚持不懈划桨的新时代船夫为中心意象，塑造出母亲、父亲、孩子等丰富多彩的意象群，请你从中选一个意象说说它象征什么，同时熔铸了作者什么样的情感。

读者留言：

【见微知著】 昌耀通过描绘一代又一代击楫中流、奋力拼搏的父亲形象,象征性地展现了在历史长河中,那些世代相传为时代发展和社会进步贡献巨大力量的人们。在一次次大海的挑逗中,在一次次历史的漩涡中,我们的父辈秉承着艰苦奋斗的精神,薪火相承,以其旷大的生命伟力彰显着亘古不变的追求,永不放弃对幸福美好生活的向往与努力。人类的历史进程从来都不是长舸御风、一往无前的,想要拥有美好生活就必须付出艰辛的努力和不懈的坚持。

【叩门引路】1994年，世界观察研究所所长莱斯特·布朗将他对我国粮食经济进行的调查写成了一本书——《谁来养活中国人》。他断言到2030年，中国会成为粮食缺口大国，大量进口粮食必然会导致粮食短缺与粮食价格暴涨，继而引起国际上的连锁反应，导致全球粮食大恐慌。布朗的推论没有成真。在这样严峻的形势下，袁隆平通过不懈的努力和探索，研发出了高产、抗病、抗逆的超级水稻品种，极大地提高了我国水稻产量，解决了粮食短缺问题，为我国农业发展和粮食安全作出了巨大贡献。他的成就不仅惠及全国，对全球农业也产生了深远影响，为人类粮食安全和农业可持续发展作出了重要贡献。一盏孤灯照终身，九秩高龄济万家。让我们倾听这位科学家内心的独白，感受这位科学家的广阔视野和家国情怀。

眼中最美的身影

我的两个梦

当代 袁隆平

时光如白驹过隙，一转眼，90年过去，我成了正儿八经的"90后"。我大半辈子都在与水稻打交道，至今从事杂交水稻研究工

> **以恒：**
> 袁隆平自称"90后"，既有对时间流逝的感叹，又表现出幽默自嘲的乐观。

作已有 55 个年头。我最关心的，就是与水稻和粮食相关的事。

> **小业：** 这篇文章读起来感觉就像袁隆平爷爷在跟我说话一样，平易近人。

中华人民共和国成立之前，中华大地上到处灾荒战乱，人民生活颠沛流离，少年时我就被迫从一个城市辗转到另一个城市，虽然少不更事，但每当看到沿路举家逃难、面如菜色的同胞，看到荒芜的田野和满目疮痍的土地，我的内心总会泛起一阵阵痛楚。报考大学时，我就对父母说，我要学农。母亲听了，吓一跳，说，傻孩子，学农多苦啊，你以为好玩儿呢？但我是真正爱上了农业，死活要学，还摆出大道理：吃饭可是天下第一桩大事，没有饭吃，人类怎么生存？最后，父母尊重我的选择。

> **以重：**
> 将个人理想与国家需要相结合，为国人能吃饱饭而奋斗，袁隆平不愧为科学家的杰出代表！

毕业后，我被分配到湖南安江农校任教。安江农校地处偏远，临行前，学校的领导告诉我，那里很偏僻，"一盏孤灯照终身"，你可要做好思想准备。当时我想，能传播农业科学知识，也是为国家做贡献！没想到，去了不久，就碰上困难时期。我当时想，这么大一个国家，如果粮食安全得不到保障，其他一切都无从谈起，我要为让中国人吃饱饭而奋斗！

一天，我看到一些农民从高山上兑了种子，担回来种，就问他们，为什么跑到那么高的山上去换种呢？他们说，山上的种子质量好一些，产得多些。他们接着还说了一句话，叫做"施肥不如勤换种"。这对我有很大启发：农业上增产的途径有很多，但其中良种是非常重要的因素。

从此以后，我开始自己的杂交水稻研究之路。一路走来，有汗水和辛酸，也有丰收和喜悦。科学探索无止境，在这条漫长而又艰辛的路上，我一直有两个梦，一个是禾下乘凉梦，一个是杂交水稻覆盖全球梦。

禾下乘凉梦，我是真做过，我梦见水稻长得有高粱那么高，穗子像扫把那么长，颗粒像花生那么大，而我则和助手坐在稻穗下面乘凉。其实我这个梦想的实质，就是水稻高产梦，让人们吃上更多的米饭，永远都不用再饿肚子。

> **以恒：** 日有所思，夜有所梦。从这里可见袁隆平爷爷的伟大胸襟与崇高抱负。

> **敬敬老师：**
> 这段"禾下乘凉梦"的描写既生动形象又通俗亲切，你能通过作者的简单描述，发挥想象，尝试扩写作者梦中的场景吗？

做梦容易，但要把梦变成现实，则需要付出大量艰苦的劳动和努力。我清楚地记得，那是1961年7月的一天，我到安江农校的试验田选种。突然，我发现了一株"鹤立鸡群"的稻株。穗大，颗粒饱满。我随手挑了一穗，竟有230粒之多！当时以为，选到了优良品种，岂不是可以增产无数粮食？

第二年春天，我把种子播下，结果却令人大失所望，一眼望去，高的高，矮的矮，没有一株赶得上最初的那株水稻。我不甘心，开始反复琢磨其中的奥秘，研究那一片试验田的稻株比例，最终得出一个结论：水稻是有杂交优势的，那株鹤立鸡群的水稻，就是天然的杂交水稻。既然天然杂交稻具有这样强的优势，那么人工杂交稻，也一定有优势。当时，遗传学理论一直否定自花授粉作物有杂交优势。我对此理论提出质疑。随后，我又拜访专家，翻找资料，最终得出结论：既然自然界存在杂交稻，那么人工杂交水稻也一定可以利用。而要想利用这一优势，首先需要找到"天然的雄性不育水稻"。

于是，我又走上曲折的寻找之旅。

其中，最令人刻骨铭心的是，在海南岛找到天然雄性不育野生稻"野败"并加以利用的过程。那是1970年11月，我和助手李必湖、尹华奇驻守在海南岛崖县南红农场，在当地寻找野生稻。在那里，有一位农专毕业的冯克珊，是南红良种繁育场的技术员，经常跑来听我讲课。冯克珊联想到农场附近有一种名叫"假禾"的草，很可能就是我要找的野生稻。11月23日，他找到李必湖，来到南红农场铁路涵洞附近的水塘边，到那片正在开花的野生稻中察看。他们发现了三个雄花异常的野生稻穗，野生稻穗的花药细瘦，色浅呈水渍状，不开裂散粉。这三个稻穗生长于同一禾蔸，是从一粒种子长出、匍匐于水面的分蘖。他们立即把这蔸野生稻连泥挖起，放在铁桶里拉回去，然后移栽到试验田里，等待鉴定。当时，我正在北京开会，收到助手们从海南发来的电报，连夜赶火车奔回海南岛。经过仔细检验，我们最终确认这是一株十分难得的天然雄性不育株野生稻，我给它命名为"野败"。

这真是大海捞针啊！

"野败"的发现对杂交水稻研究具有里程碑的意义，更是杂交水稻"三系"配套成功的突破口。1973年，我们协作组历尽千辛万苦才通过测交找到恢复系，攻克"三系"配套难关，才有了新中国第一代杂交水稻。第一代以细胞质雄性不育系为遗传工具的杂交水稻，优点是不育系不育性稳定，但也有缺点，即配组的时候受到恢保关系制约，因此选择优良组合的几率比较低，难度大。自20世纪80年代中后期起，我们开始研究两系杂交水稻。1995年，第二代以光温敏不育系为遗传工具的杂交水稻——两系法杂交稻研制成功，它的主要优点是配组自由选择，能选配到优良稻组合的几率比较高。但是，第二代杂交稻也不是完美的：不育系育性受气温和光照影响较大。我想，如果有一种杂交水稻，既兼具第一代和第二代的优点，又能克服二者的缺点，那该多好啊！2011年，我们又启动第三代杂交水稻育种技术的研究与利用，这是以遗传工程雄性不育系为遗传工具的杂交水稻，已初步研究成功，该杂交水稻克服了前两代的缺点。现在，我们甚至开始了第四代、第五代杂交水稻的研制。

追求高产更高产，是我们永恒的目标。自20世纪90年代中后期起，我们开始超级杂交稻攻关，分别于2000年、2004年、2011年、2014年实现大面积示范亩产700公斤、800公斤、900公斤、1000公斤目标。近5年又突破每公顷16吨、17吨的目标。2017年，世界水稻平均每公顷产量仅4.61吨，而我国杂交水稻平均产量每公顷达7.5吨，在世界上遥遥领先。

不可否认，20世纪我们的主要任务是解决人民群众的温饱问题，所以杂交水稻把产量摆在优先地位。现在生活水平提高了，人民不仅要吃饱，还要吃好。所以，我们也改变思路，提出既要高产，又要优质。但是必须说清楚，虽然要满足市场对优质大米的需求，但我们仍然坚持一条，即不能以牺牲产量来求优质。我始终觉得，粮食安全问题必须时刻警惕。历史也无数次告诫我们，把饭碗牢牢端在自己手中的最有效途径，就是提高水稻的产量。

科学探索永无止境，我的另一个梦，就是杂交水稻走向世界、覆盖全球梦。

世界上超过一半人口以稻米为主食，一个令人担忧的事实却是，全球现有1.6亿公顷稻田中，杂交水稻种植面积还不到15%。发展杂交水稻不仅有广阔的舞台，更对保障世界粮食安全具有重要意义，倘若全球有一半稻田种上杂交稻，按每公顷比常规水稻增产 2 吨计算，则增产的粮食可以多养活 4 亿—5 亿人口。杂交水稻覆盖全球不仅能提升全球水稻产量，造福人类，还能提升我国的国际地位。

  为了实现这个梦，我们一直在努力。从 20 世纪 80 年代至今，我们坚持开办杂交水稻技术国际培训班，为 80 多个发展中国家培训了 14000 多名杂交水稻技术人才，我还受邀担任联合国粮农组织首席顾问，帮助其他国家发展杂交水稻。目前，杂交水稻已在印度、越南、菲律宾、孟加拉国、巴基斯坦、印度尼西亚、美国、巴西等国实现大面积种植。今年 6 月，在长沙举行的中非经贸博览会上，来了不少非洲国家农业界的朋友，看到他们对杂交水稻充满感激和期待，更坚定了我们将杂交水稻推向世界的信心与决心。

  新中国杂交水稻事业能够取得丰硕成果，离不开党和国家的高度重视与大力支持，同时也是广大科技工作者集体智慧的结晶。我已经 90 岁了，但"老骥伏枥，志在千里"，我要力争让我们的团队早日完成每公顷 18 吨的高产攻关，做好第三代杂交水稻技术的生产应用。我希望最终能实现"禾下乘凉、覆盖全球"的两大心愿。

2019 年 10 月 23 日

> **以重：**
> 一路走来，袁隆平爷爷理想的实现离不开满腔热爱，这种理想不是狭隘的只计个人私利的理想，而是将自己的热爱与祖国事业联系在一起。我为祖国拥有这样的科学家而自豪！

【见微知著】 袁隆平用"两个梦"来概括自己的理想,并且身体力行地去实现它们,使人工杂交水稻技术实现突破性进展,为地球数十亿人的生存和发展提供了保障。"删繁就简三秋树,领异标新二月花",如果在研究中没有标新立异、质疑权威的勇气和创新精神;如果在研制中,没有大海捞针、百折不挠的执着精神,没有精益求精、不断追求完美的态度;如果在推广中,没有保障粮食安全的责任感与使命感,没有造福全人类的奉献精神,就不会有科学技术的进步和梦想的实现。

【叩门引路】 塞罕坝地处内蒙古高原，位于阴山山脉东端、大兴安岭山脉南端、燕山山脉西北端汇合处。"塞罕"在蒙语中的意思是美丽；"坝"，意为高岭，塞罕坝的意思是"美丽的高岭"。清朝初期之前，塞罕坝保持着原始状态，是水草丰沛、森林茂密、禽兽繁集的游牧之地。随着清同治二年（1863年）开围放垦，塞罕坝的森林植被逐渐被破坏，变成"黄沙遮天日，飞鸟无栖树"的荒漠沙地。20世纪60年代，一群平均年龄不到24岁的年轻人响应国家号召，背井离乡来到塞罕坝，开始了艰苦卓绝的植树造林。

塞罕长歌（节选）

当代 孙德民 肖绍权 张雪燕

第一幕

第一场

〔字幕："塞罕坝，1963年12月18日，北风十级 大雪 零下40 ℃。"

〔雪花飘来。林场崎岖的山路上，佟保中、秦海生、张莉和群众甲、乙、丙提着行李，艰难地行走着……

〔这时，几名林场职工走来。

二　嫂　往哪走？

佟保中　下坝……

二　嫂　（惊疑地）下坝？！保中，你们要离开林场？！

韩大伯　怎么……你们不在林场种树了？

高　志　当逃兵？

秦海生　（无奈地）不是我们要当逃兵，是这塞罕坝长不出树来！

佟保中　（平静、失望地）种了两年树，成活率……几乎是零！

韩大伯　（劝说）你说得对，成活率几乎是零……可是，保中，当初你们从山东来，还有从黑龙江、湖北、吉林，从全国各地的林业大学来，那时候我们这个乐啊，高兴啊，国家让这么多大学生来塞罕坝种树，眼下是失败了，可你们就这么忍心把我们扔下走了？

二　嫂　保中、海生，二嫂是当地人，真不想让你们走，二嫂知道，你们抛家舍业，来这苦地方种树，都是为了我们，唉，这坝上也是，烂泥巴糊不上墙，连棵树也不长……可没有树，年年是穷汉子碰闰月，如今，你们真要走了，我们这块云彩可就真没雨了，你们都是大学生、技术员，要不再试试，再想想办法……

> **敬敬老师：**
> 老百姓的语言来自生活，形象生动，富有表现力。"烂泥巴糊不上墙""我们这块云彩可就真没雨了"，既是二嫂对恶劣环境的抱怨，也表现在二嫂对佟保中等人离去的深情挽留。你能找一找类似的语言吗？

张　莉　二嫂，保中的爱人刚生完孩子，又犯了心脏病，正在住院。还有海生，母亲也一直病着，昨天，姐姐来电报，说母亲病重……眼下，林场既然这样，还是让他们回去吧！

〔众人沉默。

〔欲下坝的人们催促佟保中、秦海生。

群众甲　保中，走吧！

〔佟保中、秦海生，还有张莉等人背起行李。

佟保中　（走向二嫂，轻声感激地）二嫂！我佟保中永远记着，是二嫂救了我的命……

〔二嫂为佟保中整理行装。

〔突然，幕后传来汽车轰鸣声，停下。

〔村民甲跑上。

村民甲　李场长回来了！……杨总工程师也回来了！……

〔总场场长李斌携妻子秀兰和孩子，总工程师杨宁先和妻子婉婷及女儿杨娜手提行李风尘仆仆走来。

村民乙　场长，你们这……

〔众人也疑惑地望着李斌和杨宁先。

李　斌　同志们，我介绍一下，这是我的老伴，我的孩子，从今天起，举家搬迁，扎根塞罕坝！

秀　兰　老李把城里的房子都退了，一个箱子、几个行李卷，还有锅碗瓢盆都随车运来了。他说，塞罕坝不长出树来，俺一家人一辈子不离开塞罕坝！

杨宁先　对，对，我们把北京的房子也退了，这是我爱人婉婷，来之前在北京林科院，这是我的女儿……

婉　婷　大家就叫我婉婷吧！

杨　娜　我叫娜娜！

杨宁先　本来我一个人在塞罕坝，可这两年咱造林遇到了难处，我这个当总工程师的不甘心啊！咋办？回北京跟妻子商量，那就全家来塞罕坝扎寨安营！

〔众人热情鼓掌。

佟保中　李场长、杨总，你们真的要在这儿安家？！

李　斌　在这儿安家！

佟保中　林场还能办下去？

李　斌　一定办下去！

高　志　保中哥、海生哥，你们别走了！

……

第二幕
第二场

〔80年代中期的一个冬天。

〔林场山上，望火楼。

〔佟保中与佟刚走进树林。

佟保中　佟刚啊……（欲说又止）

佟　刚　爹，您想说啥，儿子听着。

佟保中　佟刚，这么多年，爹一直想跟你掏掏心里话，就想问问儿子，这辈子，你都跟爹守在塞罕坝，你后悔不后悔？

佟　刚　爹，我不后悔……

佟保中　（摇摇头）这辈子，爹总觉得对不住你。孩子……

佟　刚　爹……

佟保中　你娘死了。不满一岁，爹就把你抱到塞罕坝，跟爹住窝棚、马架子，冷一口、热一口，吃苦受罪，打小没享过一天福……后来，爹又没供你继续升学，初中毕业，就留你在林场当了工人，还是个孩子，爹亲眼看见你上山一身汗，下山两腿泥……你结婚了，爹又打发你们夫妻俩上了望火楼，爹知道那里苦，常年下不了山……佟刚，这些年，你就没埋怨过你爹，你就没后悔过？……（流下眼泪）

> **以恒：**
> "流下眼泪"这一舞台说明表现了佟保中的复杂心情，其中饱含着他对儿孙的愧疚，以及对儿子成家后坚守坝上的感动。

佟　　刚　　爹……当初您大学毕业了，离开城市，离开家，离开我娘，来到塞罕坝，您不后悔吗？我娘没了，您为啥又抱着不满一岁的我，回到塞罕坝，您不后悔吗……还有老场长、杨总和那么多的叔叔、阿姨，在这里种了一辈子树，度过了终生，他们不后悔吗？爹，说心里话，我一辈子也忘不了塞罕坝……小时候，在老场长家，秀兰阿姨为了让我吃饱，常常饿着，有一天我亲眼看见她晕倒在院子里……还有，一个大雪天，晓君阿姨进城给我买奶粉，半路上摔下山坡，浑身是伤……您还记着我七岁那年，从家里跑出来，在林子里迷了路。三更半夜，全林场的叔叔阿姨，点着火把，整整找了一宿，才把我从沟塘子里抱出来……秀兰阿姨紧紧抱着我号啕大哭，全场职工都哭了……爹，我从小是塞罕坝人养大的，我的命也是塞罕坝人救活的。别说在这儿待一辈子，就是两辈子，三辈子，我佟刚也不后悔！

佟保中　　（激动地）儿子！

佟　　刚　　爹！

第三幕

第一场

〔2013年春夏之间。

〔林场，佟小林办公室。

〔众人下，场上只留下舒纹和佟小林。

佟小林　　你回来啦！

舒　　纹　　石质阳坡的试验还是失败了。

佟小林　　失败是成功之母！

舒　　纹　　小林，我急着从省城回来，是要告诉你一个好消息，我们省林科院要建立一个生态发展研究所。我的导师非常关心咱们，他让你明天就去林科院报到！

佟小林 （吃惊地）报到？！

舒　纹 对！

…… ……

杨　娜 小林，咱塞罕坝可不仅仅是种树，也不仅仅是为北京、天津挡住风沙。五十年，我们能把满目疮痍的塞罕坝变回绿水青山，能把已经破坏的生存环境进行人工修复，让人类和自然环境永远和谐相处！这是一场关乎生态文明的伟大试验，所以我要到第一线塞罕坝来，到老一辈曾经洒过汗水的地方，亲自参加这一场生态文明、绿色发展的伟大实践！小林，你们几次失败的数据，对于完成我们的新项目非常宝贵！（接过技术员甲递上的石质阳坡规划图）我已经和佟叔叔商量过了，决定在这个地方种樟子松！

…… ……

尾声

〔当下。地点同开场，塞罕坝，马架子旁边。

〔塞罕坝林场场部，这里和当年比起来，已然焕然一新。

佟保中 二嫂，这是我孙子佟小林，如今是分场场长了！

佟小林 奶奶，我是榛子！……

〔二桃、佟刚匆匆上。

二　桃 小林！小林！你们快看看，谁来了！

〔舒纹背着包走来。

众　人 舒纹？！……

舒　纹 小林！……爷爷，奶奶……今天舒纹正式向塞罕坝林场报到！

〔众人热烈鼓掌欢迎。

舒　纹 爷爷奶奶，我这次回来，是因为北京林科院的博士杨娜阿姨的实际行动感召了我，教育了我！现在我终于懂了，塞罕坝三代务林人牢记使命，艰苦创业，种下的不仅仅是一片林海,更是一种信念,一种精神。所以,我们来到了塞罕坝这个美丽的高岭,就是走进这座精神高地!

敬敬老师:
"天当床,地当房,草滩窝子做工房。"这是五十五年以来,河北塞罕坝林场建设者们呐喊的口号。这里作者以舒纹之口道出了塞罕坝务林人"牢记使命,艰苦创业"的精神品质,并提到了塞罕坝也是一座"精神高地",除了舒纹所说的,你认为这里的"精神高地"还有哪些其他的内涵?

以恒:
"精神高地"不仅指牢记使命,也指接续奋斗的坚定信念。塞罕坝务林人响应党的号召,三代坚守,用奋斗创造幸福。

以重:
除了艰苦创业,还有坚持不懈的精神。塞罕坝几代务林人坚持与恶劣的自然环境作斗争,把不毛之地建设成了美丽高岭。

小业:
还应该包括永不止步、科学实践的远大追求。年轻的塞罕坝务林人不满足于单纯的种树造林,还以科学研究的态度,追求生态文明绿色发展。

勤勤:
还有无私奉献、自我牺牲的博大情怀。塞罕坝务林人放弃优厚的条件,扎根艰苦的环境,坚守对绿色生态的呵护,已成为他们生命、情感与追求的全部。他们不求回报,只为绿色家园。

佟保中　舒纹说得好！今天正赶上老一代务林人也回到林场，那咱们就一起看看"塞罕坝"的电影，看看我们塞罕坝人的今天！

〔放映电影《塞罕坝》。

〔影片中出现塞罕坝获"地球卫士奖"的情景。

〔字幕：2017年12月5日，联合国环境规划署宣布中国塞罕坝林场建设者获2017年联合国环境最高荣誉——"地球卫士奖"。

眼中最美的身影

【见微知著】　话剧《塞罕长歌》以时间为序，讲述了三代务林人几十年植树造林的生命接力，以及将"荒原变林海"的惊天壮举。塞罕坝的务林人将个人选择与国家需要结合，以改善生态为己任，久久为功，创下绿色奇迹。他们的艰苦奋斗为塞罕坝的生态带来了改天换地的变化，深刻诠释了"绿水青山就是金山银山"的理念，带动了整个地区的产业发展。他们种下的不仅是一棵棵树，更是甘于奉献的精神、绿色发展的理念。

【叩门引路】一万年多前山顶洞人用木炭在洞穴的岩壁上作画,先秦时人们烧烟取墨在布帛上作画,隋唐时人们在纸绢上绘图,后来民间又出现了糖画、木雕、挂屏、壁瓶等丰富多样的美术形式,美术创作使用的材料越来越多,技艺也越来越丰富多彩。但你见过用铁作画的吗?

一张铁画

当代 曹保明

人民大会堂有幅落地屏风《迎客松》,是铁打的,它是一种独特的艺术作品,叫铁画。说起铁画,那是二百多年前芜湖的铁匠汤天池发明创造的一种古老手艺。

汤天池的老家在江苏溧水,有一年,那里闹水灾,水把庄稼吞没,汤天池母亲只好带着他和弟弟,逃荒到芜湖。汤母带着两个孩子走街串巷,沿户乞讨。三个月过去,好容易才求人作揖,把十二岁的天池送到一个姓冯的铁匠铺子当学徒。自己则带着九岁小的,离开了芜湖,来到万春圩乡下。

汤天池是苦海里泡大的孩子,吃苦,勤快,晓得好歹,师傅们都喜欢他。手艺学得快,三四年下来,他的手艺超过了师傅们。他打出的家什,轻巧美观,经久耐用。

汤天池有个爱好:喜欢看画,特别爱好妇女剪的花样(有窗花、枕头花、鞋花……)。一见到画和花样,他就忘情啦,一呆一大会儿,往往误了干活。这老板可不愿意啦,训斥了几次,无奈汤天池迷上了,把老板的话当作耳边风。二十四岁那年,老板火了,恶狠狠地说："穷铁匠还有个富嗜好，我没那么大的家私米供养你，有本事你自己出去看。"

"出去看就出去看。"就这样，汤天池离开了冯家铺子。

汤天池这人硬气得很，他就是要看画。他在一个姓仇的画师隔壁租赁了一间房子，安上洪炉自己干起来，为的是到仇家看画方便。

仇画师十分勤奋，见天作画，好像一天不画画就憋得慌。

汤天池经常跑到仇家去看画像，久之，好像一天不看就缺点什么。一来二去，汤天池看上瘾啦。起初，仇画师看汤天池来也不管，照样泼墨作画。汤天池呢？不管你欢迎不欢迎，都一声不吭地看着。日子一久，他就看出些门道来了。

有一天，仇画师在画竹子。画好了，画师落上款。正要收摊子，汤天池却说："画师，这竹子左侧再添个叶子，那就更好了。"

仇画师想不到铁匠竟指点起自己作画来了。一时邪劲上来，出言不逊地斥责道："这画画是你们铁匠的事吗？真是河边无青草，饿死多嘴驴！请！"

汤天池闹了个"虾公进汤锅——大红脸"，赶忙回到家里去了。可是仇画师的话像锥子一样锥着他，使他坐卧不安。他想了两天，决心咬口生姜喝口醋，不蒸馒头蒸（争）口气，以铁作画。于是，汤天池以砧为砚，拿锤当笔，煅铁为画。

汤天池首先用铁煅"竹"。可是几天下来，他煅出来的"竹子"他自己看了也摇头。但他不灰心，买了一根带叶活竹来家，观察竹子的姿态，还学习农村大姐剪花样的手法。他想再到仇画师家去看画画，可又怕仇画师呵斥，吃闭门羹。怎么办呢，好在是隔壁邻居，墙上的小窗子并未封严，他就搬了梯子，爬上去，往下瞧。瞧几眼，就下来锤几锤。有时，一天上来下去要爬数十趟。他终于掌握了画师的画技，以锤作笔，讲究结构、火候、锤法、接法、切剪……就这样，他足不出户，经过半年锤炼，煅出的铁画竹子果然像了，而且很有神采。汤天池并不满足，继续爬到墙上窥视画师作画。画师用墨画花、草、虫、鱼，汤天池就用铁煅花、草、虫、鱼……

> **以恒：**
> 创新伊始总会遇到各种问题，这个时候我们应该向汤天池学习，不气馁、不放弃，想办法解决眼前的困难。

> **小业：**
> 汤天池的办法就是向周围的人和事物学习。他不仅看农村大姐剪花样，向画师学习，还观察大自然的鲜活事物。看来想要创新艺术形式，还得观察生活，精研技艺。

腊月天，汤天池的弟弟从万春坪来看他。小老弟是个二十多岁的庄稼汉，老实巴交的，进门就喜滋滋地说："哥啊，你一直关心小弟的婚事。如今可有着落了。请你腊月二十八去喝喜酒。"

汤天池听了很高兴。只是这半年，集中精力作画，啥收入也没有，拿啥做聘礼呢？为难了半天，才说："弟弟，你看这铁画咋样？"

小老弟这才注意到汤天池墙上挂的几幅铁画，睁大眼睛说："是你煅的？活像，真活像。哥啊，半年不见，你干起大事业来啦。好，好！"

"那，那，那你就拿一幅去，作为兄长送的礼吧！"

小老弟高兴得几乎跳起来，走到铁画前，欲取又停，说：

"哥啊，我要个跟庄稼人对味的东西。那……那……"

"有话，你就脆崩点说。"

"我缺个帐钩。你给我打一对。不用那寿字图案,要一束稻、一条鱼的花样。庄稼人想的就是五谷丰登,年年有余(鱼)啊!"

"好!三日后我给你送去。"

弟弟一出门,汤天池就开炉打鱼稻图案的帐钩。砰……砰……不停地锤着。

再说仇画师自从"冲"了汤天池后,就再也不见汤天池登门了。每到闲暇时,仇画师心中暗暗自愧,深悔自己一时气恼,得罪了邻居。常言说得好,"远亲不如近邻",怎么能这么不仁义?想等汤天池来,表白一番,求得谅解。谁知一等也不来,二等也不来,七八个月过去,还不见汤天池的身影,仇画师实在忍不住了。这天,他背着手,踱过来,看到汤天池正专心致志,以铁作画。那帐钩已打好一只:一束稻禾,垂下沉甸甸的穗子,那穗子正对着翘尾张嘴的鲤鱼,活灵活现的。再瞥眼看向那竹子、花卉、虫鱼……也真实动人,比自己画的,还要高明几分。不觉脱口称赞说:"好,好!有志者,事竟成。有志者,事——竟——成——"

话声惊动了汤天池。汤天池抬头一看,见是仇画师,忙放下手中的锤、钳,迎上去说:"哎哟,怎么惊动了老画师?这是小人一点痴心,不成名堂。往后,还得请老画师多多指点。"

仇画师俯身说:"本人佩服,羡慕!前番言语粗陋,还请多多包涵!"

汤天池说:"哪里,哪里。"

仇画师点点头,高高兴兴地跑回家,找到汤天池指点过的那幅画,提笔蘸墨给竹子添了一片叶子再看,画果然是妙多了。

小业:

从这里可以看出,创新不仅要吸收优良传统,还要善于听取别人的意见。

于是便把画带过来，送给汤天池。汤天池接过画挂在铺子里，又把自己那幅铁画——《竹》，送给仇画师。两人以邻为友，互相切磋。汤天池的铁画越煅越好，由于它别有风味，古朴高雅，经久不坏，喜爱的人越来越多，好些人来向汤天池学艺，汤天池全都耐心传授。从此，铁画手艺就这样流传下来。

【小课堂】什么是芜湖铁画？

芜湖铁画，是安徽省芜湖市特有的工艺美术品。它源于国画，吸收了民间剪纸、雕刻、镶嵌等各种技法艺术之所长，是一种纯手工技艺。2006年，芜湖铁画锻制技艺入选第一批国家级非物质文化遗产名录。芜湖铁画的历史可以追溯到清代康熙年间，由芜湖铁匠汤天池和芜湖画家萧云从共同创造。汤天池创作的铁字楹联"晴窗流竹露，夜雨长兰芽"，是迄今为止发现的最早的芜湖铁画。

【见微知著】

在人们的印象中，铁是用来制作器具的原材料，铁匠只是一个锻造铁器的手艺人。以铁为墨，铁匠也能画画，在汤天池锻造铁画之前，这被认为是痴心妄想。如果汤天池墨守成规，循规蹈矩，遇到困难就放弃，就不会有今天的芜湖铁画。因此，有"要我做"到"我要做"的思维转变，有不拘一格、打破常规的勇气和决心，有善于学习、勤于钻研的行动与实践，有海纳百川、有容乃大的胸襟和眼界，才能想前人不敢想、做前人不能做，实现创新发展。

【叩门引路】 成渝铁路是中国交通史上浓墨重彩的一笔。早在 20 世纪初国人就有了铁路梦，但彼时国家积贫积弱，铁路建设举步维艰。中华人民共和国成立后，党和政府决定在极其艰难的条件下修路。1952 年 7 月 1 日，成渝铁路正式通车。如今 70 多年过去，中国高铁已享誉世界。

从"第一"到"第一"：7 本火车驾驶证见证"中国速度"

当代 佘振芳 连肖 李文科

70 年前的今天，在李国方的记忆里是模糊的，但在中国铁路史上，却无比清晰。

那是 1952 年 7 月 1 日，中华人民共和国成立后建成的第一条铁路——成渝铁路通车，他的父亲李鸿升拉响了首班列车的第一声汽笛。3 岁的他，被大哥抱去现场观看。

此后 70 年间，李国方和他的儿子，先后也成了火车司机。祖孙三代司机收藏的 7 本火车驾驶证成了"传家宝"，它们见证了中国铁路从时速 40 公里到 350 公里的飞跃，也见证了中国铁路多个"第一"的进阶之路。

> **小业：**
> 祖孙三代的工作见证了中国铁路的发展，让人感慨。

> **敬敬老师：**
> 这篇通讯开头从亲历者的个人视角去叙述历史，用个人成长、家族历史引出中国铁路发展的历史，能够使读者有更加深刻的感触。

眼中最美的身影

新中国第一条铁路通车
一声汽笛，圆老百姓半世纪铁路梦

泛黄的驾驶证上，手写的名字"李鸿升"笔力遒劲。他是新中国第一代蒸汽机车司机，2本驾驶证至今保存完好。

"成渝铁路的第一辆火车就是蒸汽机车，车号是3859。车头挂着毛主席画像，插着鲜艳的红旗，庄严的党徽在车头上闪闪发光……"

儿时，李国方一次次听父亲讲起通车那天的故事——天蒙蒙亮，重庆菜园坝已是人山人海。10点整，时任铁道部部长的滕代远笑着剪断火车前方的红绸。

"呜——"李鸿升抬手抓住汽笛阀手柄，长长的汽笛声响起。在山城人民巨浪般的欢呼声中，火车缓缓驶出重庆火车站，气势磅礴地驰骋在新中国第一条铁路上。

> **小业：** 通车的场景热闹又庄重，这样的氛围令我也不由兴奋起来。

> **敬敬老师：**
> 这个场景描写中用了很多贴切的形容词，你可以试着圈出来，并体会它们的作用。

"成渝铁路，西南地区人民苦盼了半个世纪。"李国方难忘父亲谈起这条铁路时严肃的神情。

20世纪初，清政府筹办川汉铁路，西段是成渝铁路，但将筑路权卖给列强。1935年，国民政府决定修筑成渝铁路。但直到1949年，一寸钢轨未铺。

中华人民共和国成立之初，百废待兴，工业基础十分薄弱。在极其艰难的条件下，党和政府仍下定决心修建成渝铁路，带动西南地区经济社会发展。

1950 年，成渝铁路开工。十余万军民，集结成筑路大军。

现年 90 岁的孙贻荪是成渝铁路的修建者，他至今难忘，修路条件艰苦，可大家浑身却有使不完的劲儿，"没有鞋子就打光脚板，没有先进工具，就用手握钢钎（qiān）一点一点砸开石头。"

"修路所用的木材、钢铁等物资紧缺。"李国方指着自己珍藏的影像资料感叹，这些木材都是铁路沿线老百姓捐献的，有人甚至捐出了自己的寿材。

两年后，505 公里的成渝铁路建成通车。这是中华人民共和国成立以来，完全由中国人民自主建设的第一条铁路。

从此，成渝两地通行时间从 7 天水路缩短到 13 小时。

> **以重**：成渝铁路的开通大大方便了西南地区的人民群众。

> **敬敬老师**：
> 这篇通讯使用了与时间、距离、速度等有关的诸多数据，阅读时要注意体会它们在文中的作用。

千年"蜀道难"历史改写
一路高歌，改革春风吹遍中国大地

"开蒸汽火车不仅要技术，也要力气。"1980 年，31 岁的李国方也成为成渝铁路上一名蒸汽机车司机。

驾驶室内三个人，一人负责操纵机车行驶，一人铲煤，一人瞭望和监控。"铲煤最累，一铲子下去，得将几十斤煤铲进锅炉。驾驶位就在锅炉旁，夏天得忍受五十多摄氏度的高温，衣服全湿透；冬天要探头瞭望信号灯，窗户必须敞开，冷风呼呼往里灌。"李国方回忆道。

因铲煤浑身沾满粉尘，那时司机们调侃自己："远看像要饭的，近看像挖炭的，仔细一看是机务段的。"

此后，成渝铁路迎来内燃机车。李国方拿到内燃机车驾驶证后很是欣喜，"再也不用像蒸汽机车那样费力铲煤了。"

26年火车司机生涯，李国方经历了蒸汽机车到内燃机车，再到电力机车的技术变迁，攒下了3本驾驶证，也见证了川渝地区"一路通、百业活"的经济腾飞。

"巴蜀大地物产丰富、人口稠密。"李国方驾驶货运列车时亲眼看到，荣昌的煤点燃万家灯火，内江的糖、自贡的盐销往全国……1200多种从前不能外运的西南特产，被大量运往华东、华北等地区。

成渝铁路激活了成都、重庆及沿线10多个城市的"一池春水"。数据显示，至20世纪90年代初，沿线地区年人均工农业总产值从通车前的183.2元提高到3218元，增长了17.56倍。

时光飞逝，除了成渝铁路，沪蓉线成遂渝段、成渝客专陆续开通，将成渝双城融入了全国高速铁路网。

除了奔驰在广袤的神州大地，成渝两地的火车还一路向西，载着电子产品、机械零部件、汽车等开往欧洲。

2011年3月19日，首趟中欧班列从重庆团结村始发，揭开了我国开行中欧班列的序幕。

2021年1月，成渝两地的中欧班列统一为中欧班列（成渝号）。2022年6月30日，中欧班列（成渝号）第20000列纪念专列，从重庆和成都同时发出，分别驰往德国杜伊斯堡和波兰罗兹。

成渝铁路及与之接轨的国内国际大通道，让成渝地区双城经济圈积极融入"国际国内双循环"大格局中，并与国家"一带一路"倡议无缝连接。

多项高铁指标世界第一
70载巨变，书写中华民族崛起奇迹

2020年12月24日，重庆沙坪坝站。

已经开了20多年火车、拥有2本火车驾驶证的李治刚，拉响嘹亮的风笛。如爷爷李鸿升当年一样，李治刚也成了一名首发司机。不过他开的是最先进的"复兴号"，62分钟后，便抵达成都东站。

"从蒸汽机车时速40公里左右，到今天的时速350公里。我们圆了爷爷那辈人的'铁路贴地飞行梦'。"李治刚说。

让李治刚感慨的不止速度，还有"高铁强国"的崛起。

2017年，具有完全自主知识产权的中国标准动车组"复兴号"投入运营后，标志着我国高铁技术装备开始领跑世界。

李治刚坐在驾驶室内，再也不用像爷爷和父亲一样，要探头出去瞭望信号灯。靠着先进的GSM-R无线通信传输列车控制信息，他就能准确判断前方路况。

据中国国家铁路集团数据，截至目前，中国高铁运营里程突破4万公里，稳居世界第一，铁路电气化率、客运周转量、运输密度指标也位居世界第一，商业运营速度世界最快，运营网络通达水平世界最高。

预计到2025年，全国铁路运营里程将达到17万公里左右，其中高铁5万公里。

变化不仅在数字里，还藏在细节中——从纸质车票到电子票，从窗口排长队买票到互联网购票，从人工检票到自助验证刷脸乘车，从推车卖货到网上订餐……

70年，从新中国第一条铁路通车，到中国高铁多项指标世界第一。祖孙三代成渝铁路司机，见证着中国大地上跨越时空的"沧桑巨变"，也见证着勤劳勇敢的中国人民，在共产党领导下书写的历史奇迹。

2022年7月1日

【见微知著】这是一篇获得第33届中国新闻奖一等奖的通讯作品。这篇通讯采用以小见大的叙述方式，通过一个家庭、三代火车司机、七本驾驶证这一具体微小的切入点，讲述了70年间中国铁路时速从40公里到350公里的巨大飞跃；以见证者的独特视角反映了中国铁路的发展历程和中国社会的飞速进步，展现了中国铁路多个"第一"的进阶之路。行业的振兴、中国的发展离不开无数劳动者的团结奉献，离不开一代又一代劳动者的传承接力。

插画 陈慧琴

【大河论坛】

近日,某著名博物院的官方公众号发布了官方咖啡馆正式开业的消息。咖啡馆以《千里江山图》为主要装修元素,馆内专门开辟了一个展区,摆放印有《千里江山图》元素的扇子、日历等文创产品。咖啡馆一开张就引发网友们的议论。"博物馆与时俱进了。""这里的咖啡注入了有趣的灵魂。""博物馆需要一杯咖啡吗?""不伦不类,这是对中国传统文化的糟蹋。""为什么不是茶馆而是咖啡馆?"

你怎样看待博物馆开咖啡馆的这一举措?你可以通过给博物馆官方公众号留言,表达自己的看法。

互动留言区:

以恒:

我认为,中国的博物馆是文物集中展览的场所,承担的是传播文化、普及知识的重任。从本质上看,它是中华优秀传统文化的代表,是传播中华优秀传统文化的重要载体,代表着国家形象。而"咖啡馆"的销售产品以咖啡为主,咖啡承载的是西方的饮食文化。

路人：

楼上的说法太片面了。中国人也有爱喝咖啡的，外国人也有喜欢喝茶的。饮食虽然有地域特色，但它并不应该成为限制文化交流与融合的障碍。

以重：

博物馆开设咖啡馆，能以迎合外国游客消费心理、尊重吸收外来文化的方式吸引大批外国游客，使其在馆内感受到别样"中国风"，加深对中华优秀传统文化的好感，这不又是很好地传播了我们的文化吗？国内游客到馆歇脚消费，享受服务，在品味咖啡之时将之与"茶"相比较，或许会获得一份对祖国优秀传统文化魅力的独特感悟与理解，从而更加激起对中华文化的理性思考和认同感。

我说：

【一叶知春】

终日乾乾,与时偕行。
　　　　　　　　　　——《周易》

苟日新,日日新,又日新。
　　　　　　　　　　——《礼记》

芳林新叶催陈叶,流水前波让后波。
　——唐·刘禹锡《乐天见示伤微之、敦诗、
　　晦叔三君子,皆有深分,因成是诗以寄》

其所谓行之以躬,不言而信者欤。
　　　　　——北宋·欧阳修《连处士墓表》

新竹高于旧竹枝,全凭老干为扶持。
　　　　　　　　——清·郑燮《新竹》

天下有定理而无定法。
　——清·王夫之《读通鉴论·卷六·光武》